# BERLINO

## POTSDAM

### Sanssouci

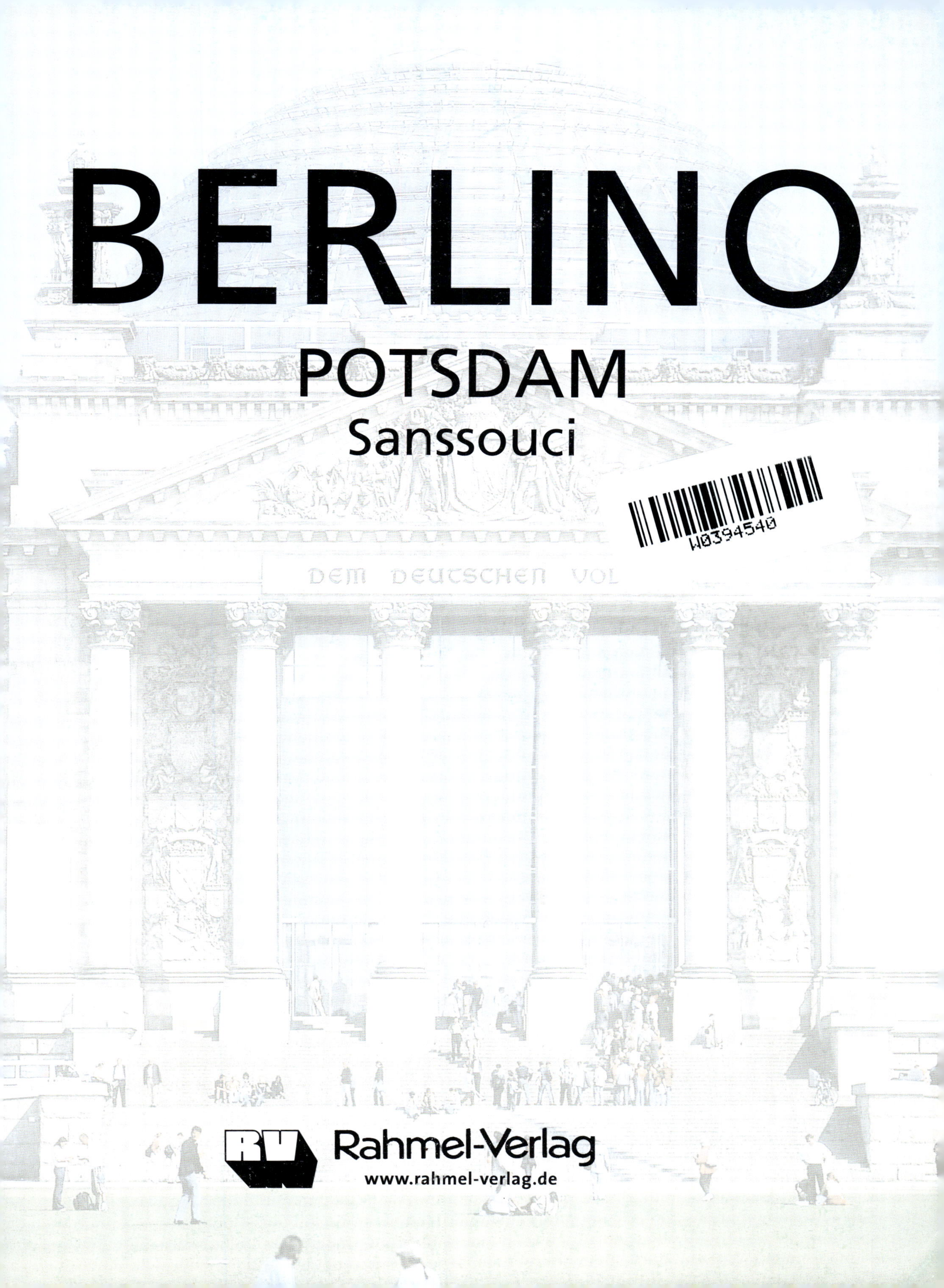




Rahmel-Verlag
www.rahmel-verlag.de

# INTRODUZIONE

Benvenuti in una delle capitali più belle, intriganti, contrastanti, elettrizzanti, vivaci e culturalmente aperte d'Europa e del mondo. Berlino è una di quelle grandi metropoli che sfuggono a una definizione precisa: troppo grande, troppo complessa per starci dentro. È vero, ha oltre 750 anni di storia, ma se vi aspettate una nobile e anziana matrona placidamente assisa sui suoi allori siete completamente fuori strada. Qui i maestosi monumenti settecenteschi stanno gomito a gomito con realizzazioni di architettura moderna da brivido, le preziose collezioni di arte antica e i celeberrimi Berliner Philharmoniker con gallerie che attirano tutte le avanguardie artistiche e con il popolo della musica, la quiete dello Schlosspark con il caos infernale del Kurfürstendamm, i pomposi monumenti sovietizzanti con il gigantesco Molecule Man che allunga la sua ombra su Treptow, la tradizione dei vecchi caffè con la rutilante effervescenza dei locali più trendy. E non è un "pastiche", un'accozzaglia: è Berlino, con la sua capacità magica di armonizzare, trasformare, evolvere.

La città sorse nel XIII secolo sulle sponde dello Spree in un territorio del Brandeburgo concesso alla casata degli Ascani dall'imperatore Lotario. Nello stesso periodo sull'area sorse un altro centro, Cölln, con il quale ben presto

◂ **Porta di Brandeburgo**

Reichstag

Cupola del Reichstag

Berlino stipulò un'alleanza. Nel secolo successivo le due cittadine subirono le conseguenze dei conflitti per il possesso del Brandeburgo scatenatisi dopo la morte dell'ultimo margravio della stirpe degli Ascani e furono devastate da due terribili incendi.

Nel 1411 l'ascesa di Federico VI Hohenzollern alla guida del Brandeburgo, di cui fu poi nominato Grande Elettore da Sigismondo, sembrò assicurare un periodo di pace alla marca. Sviluppatesi e arricchitesi approfittando di queste condizioni favorevoli, nel 1432 Berlino e Cölln si unirono in un'unica città. Nel 1447 Berlino si ribellò a Federico II, il successore di Federico I, il quale tuttavia stroncò la rivolta ed elesse la città a sua residenza.

Un cinquantennio più tardi Gioacchino II, che nel 1539 si era convertito al luteranesimo, fece costruire alla confluenza tra lo Spree e l'Havel la cittadella fortificata di Spandau, alla cui realizzazione contribuirono artisti tedeschi e stranieri. Questo fiorire di attività subì tuttavia una brusca interruzione a causa dello scoppio di una terribile epidemia di peste, che decimò la popolazione di Berlino e la lasciò in condizioni economiche e sociali gravissime. A peggiorare ulteriormente la situazione fu la guerra dei Trent'anni, che nella prima metà del XVII secolo fece sentire anche a Berlino i suoi tragici effetti.

Già qualche anno prima della sua conclusione, comunque, la città segnò passi importanti sulla via della ripresa grazie soprattutto a Federico Guglielmo, il Grande Principe Elettore sotto il quale Berlino seppe imporsi come primario centro commerciale e culturale accogliendo tra l'altro due importanti comunità: quella ebraica e quella degli ugonotti fuggiti dalla Francia nel 1685.

Il periodo di grande fioritura proseguì anche sotto il regno di suo figlio Federico III, autoproclamatosi poi primo re di Prussia con il nome di Federico I, durante il quale ricevettero un forte impulso sia l'attività edilizia sia quella artistico-culturale e scientifica.

Dopo il periodo di rigidità quasi militaresca imposto dal figlio di Federico I, Federico Guglielmo I, a partire dal 1740, con l'ascesa al trono di Federico II il Grande, Berlino conobbe uno sviluppo stupefacente praticamente in tutti i campi. Condizioni tanto favorevoli permisero a Federico il Grande di intraprendere importanti opere di sistemazione e abbellimento della città, ma durante il suo regno Berlino accrebbe anche la sua importanza in ambito culturale e intellettuale, diventando uno dei principali centri dell'illuminismo europeo.

Questo periodo eccezionale non si esaurì con Federico II, ma proseguì per tutta la prima metà del XIX secolo nonostante la parentesi

dell'occupazione napoleonica. Allo sviluppo culturale, con l'affermarsi del romanticismo e la fondazione della Humboldt-Universität, si affiancarono quello architettonico, dominato dalla figura di Karl Friedrich Schinkel, e quello industriale, che avanzò di pari passo con la modernizzazione della città.

Come nel resto d'Europa, però, anche a Berlino il rapido sviluppo industriale innescò tutta una serie di problemi sociali che trovarono espressione in grandi manifestazioni di rivendicazione da parte dei lavoratori. Nel marzo 1848, per stroncare una dimostrazione di protesta i militari aprirono il fuoco sulla popolazione uccidendo 250 persone.

Già reggente dal 1858 per il fratello Federico Guglielmo IV, infermo di mente, Guglielmo I salì al trono nel 1861. Un anno dopo, per contrastare le pressioni dei liberali e dei progressisti nominò primo ministro Otto von Bismarck. Con la sua "Realpolitik", che costò ben due guerre (contro l'Austria e la Francia), il futuro cancelliere del Reich riuscì a imporre la supremazia assoluta della Prussia con la nomina di Guglielmo I a imperatore di Germania, avvenuta il 18 gennaio 1871 a Versailles.

Salita al rango di capitale del regno e residenza imperiale, da quel momento a fino al 1890 Berlino, che era ormai diventata a tutti gli effetti una metropoli moderna, visse in prima persona l'avvento del II Reich tedesco e i chiaroscuri della politica bismarckiana, che si ritrovò tra l'altro a fare i conti con la sempre più agguerrita opposizione socialista.

▲ **Università Humboldt**

L'ascesa al trono di Guglielmo II e il conseguente licenziamento di Bismarck non modificarono sostanzialmente la situazione sociale di Berlino, che, aggravata dagli effetti della prima guerra mondiale, creò le condizioni ideali per l'espressione del malcontento popolare sotto forma di scioperi e proteste di piazza.

La sempre più forte opposizione tra socialdemocratici e comunisti toccò l'apice il 9 novembre 1918. In quella data il socialdemocratico Philipp Scheidemann proclamò la repubblica e contemporaneamente il capo del partito comunista Karl Liebknecht proclamò la repubblica socialista. Guglielmo II fu costretto a scegliere l'esilio in Olanda. La situazione esplose a Berlino nel gennaio 1919 con la rivoluzione spartachista. Il sollevamento fu soffocato nel sangue dalle truppe governative e da milizie di volontari nazionalisti che, approfittando dei disordini, assassinarono Rosa Luxemburg e Karl Liebknecht.

Nell'agosto dello stesso anno, la proclamazione della costituzione e della repubblica di Weimar sembrarono

◂ **Unter den Linden – Monumento equestre di Federico il Grande**

▲ **Pariser Platz**

assicurare un periodo di relativa pace sociale, ma i continui dissidi tra le opposizioni e una crisi economica di proporzioni colossali fecero sentire i loro effetti anche a Berlino. Nonostante tutto, gli anni Venti furono comunque per la città quelli della dolce vita, dell'effervescenza culturale, del trionfo del cinema e dello sviluppo di una nuova, grande tradizione teatrale. E tuttavia, l'ombra oscura del nazionalsocialismo cominciò ad allungarsi sulla città.

▼ **Unter den Linden – Zeughaus**

▲ **Berlino Plastica**

Il 30 gennaio 1933 le SA celebrarono la nomina di Hitler a cancelliere del Reich sullo sfondo della porta di Brandeburgo. Poco meno di un mese dopo, l'incendio del Reichstag, la cui responsabilità fu subito addossata ai comunisti, portò alla promulgazione delle "leggi per la difesa del popolo tedesco" e alla conseguente sospensione dei diritti costituzionali, che spianò a Hitler la strada verso la dittatura. In un clima di sempre più accesa tensione sociale e di brutale violenza indirizzata soprattutto verso gli ebrei e gli oppositori del regime, nel 1936, due anni dopo l'autoproclamazione di Hitler a presidente del Reich, Berlino ospitò le Olimpiadi. L'imponente scenografia concepita dai nazisti per l'occasione celò al mondo le atrocità che il regime già stava perpetrando contro gli ebrei, sancite l'anno prima con le "leggi di Norimberga" e che trovarono una delle loro più violente espressioni nella tragica Notte dei Cristalli (9-10 novembre 1938), quando anche a Berlino fu devastata e distrutta la maggior parte delle sinagoghe.

Oltre alla tragedia delle deportazioni e delle violenze antisemite, gli anni della guerra costarono a Berlino

**Kurfürstendamm con la Gedächtniskirche** ▸

STIEBEL ELTRON
MORGENPOST
FITNESS
Pioneer

◂ **Potsdamer Platz –Sony-Center**

▴ **Potsdamer Platz – Panorama**

pesantissimi bombardamenti che cancellarono o ridussero in rovine quasi tutta la città provocando un numero altissimo di vittime. Il suicidio di Hitler nel bunker di Potsdamer Platz sancì ufficialmente il crollo del regime e due giorni dopo, il 2 maggio 1945, la città, ridotta a un desolato cumulo di macerie, fu occupata dalle truppe sovietiche.

All'indomani della resa incondizionata, firmata l'8 maggio 1945, la città fu suddivisa in quattro settori affidati alle potenze vincitrici, la cui alleanza, tuttavia, una volta finita la guerra ebbe brevissima durata. I forti contrasti che dividevano Francia, Inghilterra e Stati Uniti da un lato e Unione Sovietica dall'altro portarono tra il 1948 e il 1949 al blocco di Berlino e poi alla proclamazione della Repubblica Federale Tedesca (23 maggio) e della Repubblica Democratica Tedesca con capitale Berlino Est (7 ottobre). Ormai nettamente divise, le due Berlino seguirono negli anni Cinquanta percorsi molto diversi, caratterizzati da un forte divario economico e da una situazione sociale che nel settore orientale sperimentava la politica di repressione attuata dalle autorità.

Per cercare in ogni modo di arginare la fuga degli abitanti verso l'Occidente, nel 1961 le autorità di Berlino Est decisero la costruzione del muro, che fino al 1989 tagliò di fatto la città in due. In parte mitigata dalla costante azione della diplomazia internazionale, questa politica di chiusura e di segregazione terminò definitivamente il 9 novembre 1989 con la storica decisione della Rdt di riaprire le frontiere tra i due settori della città. Le immagini del crollo del muro fecero il giro del mondo testimoniando la fine di una delle epoche più buie della storia di Berlino.

A seguito della riunificazione delle due Germanie, sancita il 31 agosto 1990, il 20 giugno dell'anno seguente Berlino fu dichiarata capitale, tornando a rivestire quel ruolo centrale che storicamente si era guadagnata nel corso dei secoli.

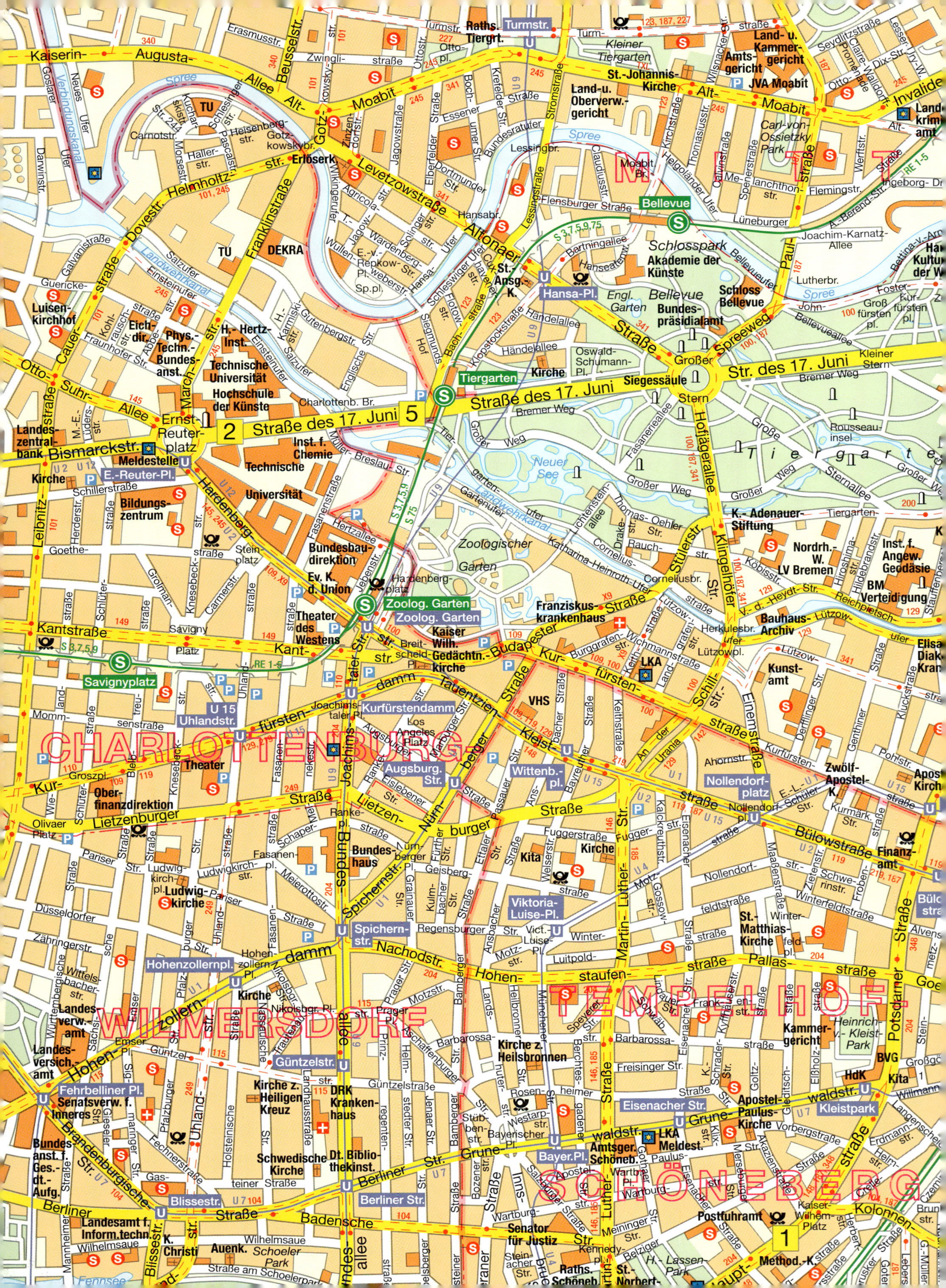

Kaiserin-Augusta-Allee
Beusselstr.
Erasmusstr.
Zwingli-straße
Turmstr.
Raths. Tiergrt.
Turmstr.
Kleiner Tiergarten
Land- u. Amts-gericht
Kammer-gericht
JVA Moabit
Sevdlitzstraße
Alt-Moabit
St.-Johannis-Kirche
Land-u. Oberverw.-gericht
Invaliden
TU
Carnotstr.
Heisenberg-str.
Gotz-kowskybr.
Erlöserk
Helmholtzstr.
Levetzowstraße
Lessingbr.
Spree
Bundesratufer
Flensburger Straße
Bellevue
Lüneburger
Paulstr.
Moabit Br.
Carl-von-Ossietzky Park
Flemingstr.
Alt-Moabit
Hansabr.
Altonaer
Franklinstraße
TU
DEKRA
Landwehrkanal
Bartningallee
Hanseatenweg
Schlosspark
Akademie der Künste
Schloss Bellevue
Bellevue Bundes-präsidialamt
Joachim-Karnatz-Allee
Lutherbr.
Spree
John-Foster-Dulles-Allee
Luisen-kirchhof
Guericke-
Galvanistraße
Einsteinufer
Phys.-Techn. Bundes-anst.
H.-Hertz-Inst.
Technische Universität
Hochschule der Künste
Hansa-Pl.
St.-Ansg.-K.
Händelallee
Klopstockstraße
Engl. Garten
Oswald-Schumann-Pl.
Kirche
Straße
Spreeweg
Großer Stern
Str. des 17. Juni
Kleiner Stern
Bremer Weg
Otto-Suhr-Allee
Cauerstr.
Ernst-Reuter-platz
Charlottenb. Br.
2
Straße des 17. Juni
5
Tiergarten
Straße des 17. Juni
Siegessäule
Stern
Hofjägerallee
Großer Weg
Rousseau-insel
Tiergarten
Landes-zentral-bank
Bismarckstr.
Meldestelle
Kirche
E.-Reuter-Pl.
Inst. f. Chemie
Technische Universität
Neuer See
Landwehrkanal
Großer Weg
Sternallee
Leibnitz
Schillerstraße
Bildungs-zentrum
Hardenberg
Hertzallee
Bundesbau-direktion
Ev. K. d. Union
Hardenberg-platz
Zoologischer Garten
Lichtensteinallee
Drakestr.
Thomas-Dehler-Str.
Rauch-
Cornelius-
Katharina-Heinroth-Ufer
Corneliusbr.
Klingelhöferstr.
Stülerstr.
K.-Adenauer-Stiftung
Nordrh.-W. LV Bremen
Inst. f. Angew. Geodäsie
BM Verteidigung
Goethe-
Grolman-
Knesebeck-
Carmerstr.
Savigny Platz
Theater des Westens
Zoolog. Garten
Zoolog. Garten
Franziskus-krankenhaus
Kaiser Wilh.-Gedächtn.-Kirche
Budapester
Herkulesbr.
Lützowpl.
Bauhaus-Archiv
Reichpietsch-ufer
Kantstraße
Kant-
Breitscheid-Pl.
Kurfürstenstraße
Lützowstraße
Elisa-Diako-Kran-
Savignyplatz
Uhlandstr.
U 15 Uhlandstr.
Joachims-taler Pl.
Kurfürstendamm
Tauentzien
VHS
KLA
Kunst-amt
CHARLOTTENBURG
Theater
Kur-
Ober-finanzdirektion
Lietzenburger
Los Angeles Platz
Augsburger
Augsburg. Str.
Nürnberger
Wittenb.-pl.
Kleist
Urania
An der Urania
Ahornstr.
Einemstraße
Nollendorf-platz
Kurfürsten-
Zwölf-Apostel-K.
Bülowstraße
Finanz-amt
Olivaer Platz
Pariser
Fasanen-pl.
Bundes-haus
Ranke-
Nürnberger Pl.
Fuggerstraße
Kirche
Kita
Nollendorf-
Winterfeldtstraße
Düsseldorfer
Ludwigkirch-pl.
Ludwig-kirche
Meierottostr.
Spichernstr.
Geisberg-
Viktoria-Luise-Pl.
St.-Matthias-Kirche
Winterfeld-pl.
Pallas-
Hohenzollernpl.
Spichern-str.
Nachodstr.
Regensburger
Hohenstaufen-
Luitpold-
Kirche
Nikolsbgr. Pl.
Prager Pl.
Motzstr.
TEMPELHOF
SCHÖNEBERG
Kammer-gericht
Heinrich-v.-Kleist-Park
WILMERSDORF
Landes-verw.-amt
Landes-versich.-amt
Hohenzollern-
Güntzelstr.
Barbarossa-
Kirche z. Heilsbronnen
Barbarossa-
Freisinger Str.
HdK
BVG
Kita
Kirche z. Heiligen Kreuz
DRK Kranken-haus
Güntzelstraße
Fehrbelliner Pl.
Senatsverw. f. Inneres
Eisenacher Str.
Grunewaldstr.
Kleistpark
Apostel-Paulus-Kirche
Bundes-anst. f. Ges.-dt.-Aufg.
Brandenburgische Str.
Schwedische Kirche
Dt. Biblio-thekinst.
Berliner Str.
Bayer.Pl.
Amtsger. Schöneb.
LKA Meldest.
Blissestr.
Berliner Str.
Berliner
Badensche
Landesamt f. Inform.techn.
K. Christi
Auenk.
Schoeler Park
Wilhelmsaue
Bundesallee
Senator für Justiz
Raths. Schöneb.
St. Norbert
H.-Lassen-Park
Postfuhramt
Kaiser-Wilhelm-Platz
Kolonnen-
Method.-K.
1

Oranienburger Tor
Oranienburger Str.
Neue Synagoge
Humboldt-Universität
Charité-Campus
Charité-Mitte
Lehrter Bahnhof
Friedrichstr.
Hackescher Markt
Alexanderplatz
Alex.-pl.
Fernsehturm
St. Marien-K.
Monbijoupark
Museumsinsel
Bode-mus.
Berliner Dom
Lustgarten
Bundestag
Bundeskanzleramt
Reichstagsgeb.
Brandenburger Tor
Pariser Platz
Unter den Linden
Unter d. Linden
Des 17. Juni
Komische Oper
Staatsoper
Ehem. Palast der Republik
Marstall
Stadtbibl.
Rotes Rath.
Altes Stadths.
Klosterstr.
Stralauer Straße
Jannowitzbr.
Französ. Str.
Franz. Dom
Deut. Dom
Hausvogteipl.
Stadtmitte
Mohrenstr.
Spittelmarkt
Märk. Mus.
Heinr.-Heine-Str.
Leipziger Straße
Potsdamer Platz
Philharmonie
Staatsbibliothek
Kita
Post-museum
BM Abge-ordnetenhaus
Finanzen
Niederkirchner Str.
M.-Gropius-Bau
Europahaus
Kochstr.
Landesarbeitsamt
Jerusalems- u. Neue Kirche
Bundesdruckerei
Oranienstraße
Moritzpl.
Mendelss.-Barth.-Park
Anhalter Str.
Anhalter Bf.
Dreifaltigkeitsk.
St.-Clemens-Kirche
Gartenbauamt
DB
Willy-Brandt-Haus
Berlin Museum
Jüd. Museum
St.-Agnes-K.
St.-Simeon-K.
Gleisdreieck
Theater
AWO
Familiengericht
Möckernbr.
Hallesches Tor
Patentamt
Gitschiner Straße
Skalitzer Str.
Prinzenstr.
Kottbusser Tor
Dt. Technikmuseum Berlin
Lokschuppen
Wasserturm
Krankenhaus Urban
Christuskirche
Amerik.-Gedenkb.
Mehringdamm
Finanzamt Kreuzb.
Rathaus Kreuzberg
K. zum Heiligen Kreuz
Landwehrkanal
Urbanhafen
Böcklerpark
Melanchthonk.
Krankenhaus Am Urban
Christus-K.
Urbanstraße
Yorckstr. (Großgörschenstr.)
Yorckstraße
Yorckstr.
St. Bonifatius-Kirche
Gneisenaustraße
Gneisenaustr.
Südstern
K. a. Südstern
Hasenheide
Schmiedehof
Victoria-
Jesus-kirche
Passionsk.
Kap.
Bergmannstraße
St.-Johannes Basilika
Jgd.-zentr.
Jüterboger Straße
Meldestelle
KFZ-Zul.
Methfesselstraße
Quartier
Pl. der Luftbrücke
Bundes-kartella.
Hauptzolla. Süd
Columbiadamm
Duden-
Volkspark
Regenbecken
FRIEDRICHSHAIN-
KREUZBERG
96
1
2
5

# BRANDENBURGER TOR

Monumento-simbolo di Berlino, la **Brandenburger Tor** (porta di Brandeburgo) fu eretta nel 1789, sotto Federico Guglielmo II, da Carl Gotthard Langhans. Per il disegno del grandioso monumento, che per la sua prestigiosa posizione all'estremità dell'Unter den Linden oltre a essere "il" punto di riferimento della città da sempre è poi diventato il simbolo della sua riunificazione, l'architetto si ispirò all'entrata dell'Acropoli di Atene.

Ne risultò un elegante edificio neoclassico di proporzioni imponenti, con 26 metri di altezza, compresa la quadriga sulla sommità, 65,5 metri di larghezza e ben 11 metri di profondità. Il colonnato frontale, formato da sei poderose colonne doriche, scandisce le cinque aperture della porta, separate da spessi muri. Le quattro aperture laterali, larghe ognuna quasi 4 metri, incorniciano l'ampio attraversamento centrale, largo 5,65 metri, originariamente riservato al transito della corte reale. A destra e a sinistra della porta, le due ali laterali accoglievano le guarnigioni dei soldati di guardia e gli alloggi degli esattori delle imposte reali. Una sessantina d'anni dopo la sua inaugurazione, avvenuta nell'estate del 1791, la porta fu rimaneggiata da Johann Heinrich Strack con l'aggiunta di due passaggi colonnati di raccordo tra la porta e le ali laterali. La maggior parte della decorazione del monumento si deve a Johann Gottfried Schadow, che a cavallo tra il XVIII e il XIX secolo ideò la maggior parte della decorazione del monumento. Lo stesso Schadow fu anche l'autore del disegno dell'elegante quadriga

che corona la porta. La biga, trainata da quattro cavalli, è condotta dalla dea alata della Vittoria. Unica sopravvissuta delle diciotto porte originarie della città, la Brandenburger Tor, che nel corso della sua lunga storia di testimone e simbolo del potere della Germania dal 1961, con la costruzione del muro che correva subito a ovest, era diventata l'effigie stessa della divisione tra Berlino Est e Berlino Ovest, venne poi riaperta solo alla fine del 1989 e un anno dopo fu al centro dei grandiosi festeggiamenti per celebrare la caduta del muro e la riunificazione.

# REICHSTAGSGEBÄUDE E DINTORNI

Il palazzo fu commissionato all'architetto Paul Wallot dopo la proclamazione dell'impero tedesco avvenuta il 18 gennaio 1871 allo scopo di offrire una degna sistemazione al nuovo parlamento. Tra il 1884 e il 1894 Wallot realizzò un grandioso complesso in stile neoclassico formato da due edifici collegati da un tunnel e coronati al centro da un'imponente cupola. Nel febbraio 1933 un incendio, di cui ancora oggi rimangono in parte oscure le origini e le responsabilità, devastò gran parte del palazzo, che venne abbandonato dal parlamento. Perduto il suo ruolo di centro nevralgico della vita politica della Germania, il Reichstagsgebäude, che non fu neppure restaurato dopo l'incendio, nell'ultimo periodo della seconda guerra mondiale fu pesantemente bombardato e poi saccheggiato. La cupola, che ancora troneggiava sulle spettrali rovine del palazzo fu fatta saltare nel 1954. I lavori di restauro, intrapresi nel 1961 e ultimati, ma senza la cupola, solo un decennio più tardi, restituirono alla sua originaria funzione l'edificio, che il 20 dicembre 1990 ospitò la prima seduta del parlamento della Germania riunificata. Nel 1995 il palazzo fu scenograficamente "impacchettato" dall'artista Christo e Jeanne Claude con migliaia di metri di tessuto. Il successivo restauro, diretto dall'inglese Norman Foster, ha modificato radicalmente l'aspetto interno del Reichstagsgebäude, lasciandone invece inalterata la struttura esterna. Modernissimo, il nuovo palazzo ha il suo elemento più spettacolare nella grandiosa cupola che sovrasta l'aula dell'assemblea plenaria. Interamente di vetro, la struttura, alta 23 metri e mezzo e con un diametro di 40 metri, presenta all'interno un cono rovesciato rivestito da 360 specchi. La cupola, visibile da molti punti della città, si può ammirare da vicino salendo alla terrazza panoramica sul tetto del palazzo, che oltre a una vista mozzafiato su Berlino offre un piacevole ristorante aperto anche la sera.

▲ Sala delle Assemblee plenarie del Reichstag

Reichstag con la cupola ▶

DEM DEUTSCHEN VOLKE

A nord, il **Bundeskanzleramt (Cancelleria federale)** è uno dei più interessanti tra gli edifici parlamentari progettati nelle vicinanze del palazzo.

▲ Cancelleria federale

Sempre a nord del Reichstagsgebäude, la **Lehrter Stadtbahnhof** è stata progettata dall'architetto amburghese Meinhard von Gerkan per ospitare la nuova stazione ferroviaria centrale di Berlino, una grandiosa struttura futuribile destinata ad accogliere oltre 60 milioni di viaggiatori all'anno.

◄ Reichstag, colonna di luce nella cupola di cristallo

▼ Lehrter Stadtbahnhof

## PARISER PLATZ

La piazza, che si apre di fronte alla Brandenburger Tor, è stata oggetto di profonde opere di restauro, ristrutturazione e costruzione che le hanno restituito l'importanza e il lustro di cui godeva prima della seconda guerra mondiale. Per quanto riguarda le ristrutturazioni, di notevole interesse sono quelle del celebre **Hotel Adlon**, all'angolo con Wilhelmstraße, e quelle, condotte dall'architetto J. P. Kleihues, della Haus Sommer e della Haus Liebermann, ai due lati della porta di Brandeburgo, divenute sedi di importanti gruppi bancari, tra cui la **DZ Bank**.

▼ **Hotel Adlon**

**DZ Bank** ▶

# UNTER DEN LINDEN

All'estremità opposta alla Brandenburger Tor, la Pariser Platz dà accesso al viale più famoso e celebrato di Berlino, l'**Unter den Linden**. Fiancheggiata da prestigiosi edifici, la grande arteria, larga 60 m e lunga quasi un chilometro e mezzo, si snoda fino allo Schlossbrücke, da cui si accede poi alla Schlossplatz. In origine sul tracciato correva un sentiero di campagna che già nel XVI secolo il Principe Elettore utilizzava per raggiungere il Tiergarten, la riserva di caccia allora situata ai margini della città. Intorno alla metà del XVII secolo per ordine del Grande

◂ **Unter den Linden – Monumento equestre di Federico il Grande**

Elettore Federico Guglielmo il percorso fu abbellito da filari di noci e tigli. I noci morirono e vennero sostituiti da altri tigli. Nelle seconda guerra mondiale vennero abbattuti tutti gli alberi e solo nel 1946 furono piantati nuovi tigli.

Lo sviluppo edilizio del grande viale si ebbe in realtà solo a partire dall'inizio del secolo successivo, quando Federico il Grande ordinò la costruzione di vari edifici di prestigio che conferissero all'Unter den Linden il lustro e l'eleganza adeguati all'arteria che collega il castello di città con il Tiergarten, operazione poi coronata alla fine del secolo con l'erezione della Brandenburger Tor.

▲ **Dettaglio del monumento equestre di Federico il Grande**

Ambasciata russa (Russische Botschaft)

Procedendo dalla Pariser Platz in direzione della Schlossbrücke si supera sulla destra la **Russische Botschaft**, un elegante edificio della prima metà del XVIII secolo. Intorno al 1840 fu acquistato dallo zar Nicola I, che lo fece restaurare e abbellire. Con la fine dell'impero zarista il palazzo diventò sede dell'ambasciata sovietica, ma durante la seconda guerra mondiale fu completamente distrutto dai bombardamenti. Ricostruito all'inizio degli anni Cinquanta, continuò a ospitare l'ambasciatore sovietico presso la Rdt fino alla caduta del muro e alla riunificazione. Attualmente vi è insediata l'ambasciata russa.

Oltrepassata la zona delle ambasciate, tra cui quella britannica, quella polacca e quella ungherese, si raggiunge l'incrocio con Friedrichstraße, un tempo sede di eleganti e rinomati locali ormai scomparsi

Ambasciata francese

Ambasciata inglese

insieme agli edifici che li ospitavano o ristrutturati e adibiti a usi diversi: al posto del celebre Café Bauer si trova per esempio il Centro culturale francese, mentre l'altrettanto famoso Café Kranzler, sul lato opposto, è stato sostituito da una costruzione moderna confinante con il prestigioso Grand Hotel.

Sulla sinistra dell'incrocio successivo, con Charlottenstraße, l'Unter den Linden ospita uno dei suoi monumenti più imponenti: la **Staatsbibliothek**. In stile neobarocco, fu costruita nel 1903-14 da Ernst von Ihne sul sito dell'antica Marstall, la sede dell'Accademia delle Scienze e dell'Accademia delle Belle Arti realizzata alla fine del XVII secolo da J. A. Nering e Martin Grünberg. Il nuovo palazzo fu utilizzato per ospitare la Königliche Bibliothek, dopo il primo conflitto mondiale ribattezzata Preußische Staatsbibliothek. Durante gli anni del nazi-

Biblioteca di Stato (Staatsbibliothek)

▲ Monumento equestre di Federico il Grande

smo e della seconda guerra mondiale il patrimonio della biblioteca, formato da circa quattro milioni di volumi, venne in parte dislocato in vari punti di Berlino e in altre città. Al momento della divisione di Berlino i volumi non furono più riuniti in un solo nucleo, ma concentrati in due diverse sedi: quella sull'Unter den Linden, che ricevette la nuova denominazione di Deutsche Staatsbibliothek, e quella di Berlino Ovest, battezzata Staatsbibliothek Preußischer Kulturbesitz e dagli anni Ottanta ospitata nel complesso del Kulturforum. Con la riunificazione, pur continuando a mantenere sedi sepa-

◂ Dettaglio del monumento equestre di Federico il Grande

Università Humboldt (Humboldt-Universität) ▸

rate, le due grandi biblioteche sono state unificate amministrativamente nella Staatsbibliothek zu Berlin - Preußischer Kulturbesitz.

Oltre la biblioteca, l'imponente **statua equestre di Federico il Grande (Reiterdenkmal Friedrichs des Großen)**, realizzata tra il 1839 e il 1851 da Christian Daniel Rauch, troneggia al centro dell'Unter den Linden. Sull'alto piedistallo, suddiviso in tre ordini, oltre ai nomi di illustri contemporanei del re e alle statue a grandezza naturale dei suoi generali e di artisti, scienziati e uomini politici dell'epoca compaiono pannelli ornati da bassorilievi con episodi della vita del sovrano.

Più avanti, sempre sulla sinistra si erge la **Humboldt-Universität**, ornata davanti al portale dalle statue di Alexander e Wilhelm von Humboldt. Progettato da G. Wenzeslaus von Knobelsdorff a metà del XVIII secolo per il principe Enrico, il fratello di Federico il Grande, il palazzo fu donato all'università da Federico Guglielmo nel 1810. Oltre al fondatore, Wilhelm von Humboldt, l'istituzione vanta nel suo albo dei docenti nomi prestigiosi della cultura tedesca come quelli dei filosofi Fichte, Feuerbach, Hegel e Schleiermacher, dei fratelli Grimm e degli scienziati Albert Einstein e Max Planck.

Statua di Alexander von Humboldt ▸

Proprio di fronte all'università, il moderno e originale monumento di Micha Ullmann (1995) segna con la sua sala di biblioteca sotterranea, deserta e spoglia di libri il punto in cui il 10 maggio 1933 i nazisti bruciarono montagne di volumi ritenuti sovversivi. L'opera è stata realizzata al centro di Bebelplatz, cuore di quel Forum Fridericianum voluto da Federico il Grande di cui unica testimone sarebbe tuttavia stata solo l'aulica Staatsoper. Lungo il lato occidentale della piazza, la **Alte Bibliothek** sorse tra

FRIDERICVS REX APOLLINI ET M
DMITRI SCHOSTAKOWITSCH
NOS
DIE NASE
DEUTSCHE STAATSOPER

▲ **Vecchia Biblioteca (Alte Bibliothek)**

il 1775 e il 1780. L'edificio, dall'originale facciata centinata disegnata da Fischer von Erlach, fu devastato da un incendio nel 1945 e ricostruito alla fine degli anni Sessanta. Affacciato sull'Unter den Linden, il vicino Alte Palais, che fino al 1888 ospitò la residenza di Guglielmo I, appartiene oggi alla Humboldt-Universität.

Il lato orientale di Bebelplatz è occupato dalla **Staatsoper**, concepita in forme neoclassiche da G.W. von Knobelsdorff nel 1741-43 e un secolo dopo ricostruita da Langhans in seguito ai danni causati da un incendio. Nuovamente colpito da un incendio nel 1941, restaurato e ancora danneggiato durante la guerra, l'edificio fu rinnovato all'inizio degli anni Cinquanta e inaugurato nel settembre del 1955. Oggi, ulteriormente ristrutturata in base a moderni criteri architettonici, la Staatsoper è in grado di accogliere all'incirca 1500 spettatori cui offre una ricca programmazione di opere, operette, balletti, musical e concerti.

A est dell'opera, l'elegante **Operncafé** occupa una parte del Kronprinzessinenpalais, il settecentesco palazzo barocco che ospitò la residenza delle principesse ereditarie figlie di Guglielmo III. All'inizio del XIX

◄ **Palazzo dell'Opera di Stato (Staatsoper)**

▲ Palazzo del Principe ereditario

▼ Palazzo delle Principesse (Opernpalais)

secolo l'edificio venne collegato con un passaggio al vicino Kronprinzenpalais, realizzato nella seconda metà del Seicento rimaneggiando una preesistente palazzina. Nel 1733 Federico Guglielmo I lo fece ricostruire in forme barocche per il principe ereditario. Ulteriormente modificato e ampliato, nel 1856 il palazzo venne occupato da Federico III e dalla moglie e nel 1859 fu testimone della nascita di Guglielmo I. I gravi danni subiti durante la seconda guerra mondiale ne resero necessaria una completa ricostruzione, diretta alla fine degli anni Sessanta da Richard Paulick. Nelle sue sale il 31 agosto 1990 fu ufficialmente siglato il trattato di riunificazione delle due Germanie.

Alle spalle della Staatsoper, la **Sankt-Hedwigs Kathedrale**, sede del vescovo cattolico di Berlino, ricorda con la sua cupola il Panteon di Roma. A commissionarne la costruzione, su progetto di G.W. von

▲ Neue Wache

▲ Neue Wache (dettaglio del frontone)

▼ St.-Hedwigs-Kathedrale (Cattedrale di sant'Edvige)

Knobelsdorff, a Johann Boumann nel 1747 fu Federico II, che con la sua realizzazione proprio nel cuore dei Forum Fridericianum intese dimostrare il suo spirito tollerante nei confronti dei cattolici.

Sul lato opposto, accanto alla Humboldt-Universität, il **Neue Wache**, piccolo e severo edificio preceduto da una facciata colonnata ornata da un timpano, fu progettato nel 1816-18 da Karl Friedrich Schinkel per ospitare un posto di guardia. Trasformato in monumento ai caduti del primo conflitto mondiale nel 1931, nel 1960 fu destinato dalle autorità della Rdt ad accogliere le spoglie di un deportato morto in campo di concentramento e di un soldato ignoto e diventò il monumento alle vittime del fascismo e militarismo. All'indomani della riunificazione fu dichiarato memoriale della Germania unita.

Subito accanto, la **Zeughaus** è il più vasto tra gli edifici barocchi dell'epoca di Federico I giunti fino a noi.

Nei lunghi anni della sua costruzione (1695-1730) alla direzione del cantiere si susseguirono architetti del calibro di Nering, Grünberg, Schlüter e Jean de Bodt, autore della lunga e scenografica facciata a sbalzi. L'edificio, a pianta quadrata e su due livelli, è impreziosito da interessanti decorazioni, tra cui le ventidue splendide maschere di guerrieri morenti realizzate da Schlüter che ornano il cortile interno. La **Zeughaus**, che fino al 1877 funse da arsenale, fu in seguito utilizzata come sede dapprima di un museo delle armi e poi, dal 1952, del Museum Deutscher Geschichte, il museo storico della Rdt conglobato dopo la riunificazione nel Deutsches Historisches Museum (Museo storico tedesco).

Sull'antistante Schinkelplatz, scomparso l'edificio del ministero degli Esteri della Repubblica democratica, demolito nel 1995, risorgono i fasti dell'antica Bauakademie, l'accademia di architettura costruita da Schinkel tra il 1832 e il 1836 e poi demolita nel 1962 dopo essere stata gravemente danneggiata durante la guerra. Di fronte alla piazza, ornata da un monumento al grande architetto, la statua del barone von Stein è la massima espressione dell'arte di Hermann Schievelbein, lo scultore berlinese esponente della

scuola di Rauch che la realizzò nel 1860-64.

Oltre la Schinkelplatz, lo Schlossbrücke scavalca il ramo dello Spree denominato Kupfergraben segnando il limite orientale dell' Unter den Linden, che collega con la Schlossplatz. Il ponte, costruito da Schinkel nel 1822-24 sul sito di un precedente ponte di legno, è percorso da eleganti balaustre di ghisa traforata inframmezzate all' altezza dei pilastri da alti piedistalli di marmo bianco che sorreggono le figure delle dee Atena, Iris, Minerva e Nike.

**Schlossbrücke con 8 statue di guerrieri e divinità greche.**

**◂ Zeughaus – Museo storico tedesco**

**▴ Lo Jungfernbrücke (l'ultimo ponte levatoio di Berlino) e dietro il Ministero degli Esteri**

Altes Museum

▾ Altes Museum

## MUSEUMSINSEL

Al di là dello Schlossbrücke, il vasto spiazzo del Lustgarten, sulla sinistra, nacque negli anni Settanta del XVI secolo per ospitare gli orti che dovevano rifornire le cucine dello Stadtschloss, il palazzo sorto tra il 1443 e il 1451 per volere di Federico II. Nel 1643 si decise di trasformare in giardino l'area, che tuttavia non perdette del tutto la sua originaria funzione di orto se, come sembra, proprio su questi terreni pochi anni dopo furono impiantate le prime coltivazioni di patate della Prussia. Data la sua posizione nel cuore della città, più avanti Federico Guglielmo I stabilì di utilizzare il Lustgarten per lo svolgimento delle parate militari, ma a partire dalla metà del XIX secolo l'area fu nuovamente risistemata a giardino.

Oggi il Lustgarten fa da scenografica cornice alla Museumsinsel, l'isola dei musei. Delimitato dallo Spree da un lato e dal Kupfergraben dall'altro, il complesso, che ospita i più antichi e prestigiosi musei berlinesi. Il complesso si sviluppò intorno all'**Altes Museum**, fatto costruire nel 1924-1830 da Federico Guglielmo III per ospitare le collezioni d'arte reali in una struttura aperta al pubblico. Fra il 1843 e l'inizio del XX secolo alle spalle dell'Altes Museum sorsero poi dapprima il Neues Museum, poi l'Alte Nationalgalerie e il Bodemuseum. In posizione intermedia tra quest'ultimo e il Neues Museum, il Pergamonmuseum, iniziato nel 1910, fu poi portato a termine soltanto nel 1930. Durante i bombardamenti della seconda guerra mondiale tutti gli edifici della Museumsinsel subirono danni gravissimi - alcuni, come il Neues Museum, furono quasi completamente distrutti - mentre fortunatamente le loro collezioni si salvarono, essendo state precauzionalmente spostate e suddivise in altri palazzi della città. Alla fine del conflitto la divisione della città rese impossibile il recupero dell'intero patrimonio dell'isola dei musei e la risistemazione delle singole opere negli edifici che le

**Altes Museum – Dettaglio di una statua equestre (Löwenbezwinger) ▸**

▾ Alte Nationalgalerie

ospitavano in origine, che rimasero perciò per anni sparpagliate in diverse istituzioni di Berlino Est e di Berlino Ovest. All'indomani della riunificazione la nuova situazione politico-amministrativa creò le condizioni necessarie per affrontare il problema del recupero e della ricollocazione dei vari patrimoni museali. In quest'ottica, le autorità berlinesi stabilirono di allestire negli edifici della Museumsinsel le collezioni di antichità e di archeologia e di trasferire invece presso il Kulturforum i dipinti e le opere della Gemäldegalerie. In occasione di questa riorganizzazione fu inoltre deciso di procedere all'esecuzione di importanti opere di restauro, ammodernamento e ampliamento degli spazi museali, alcune delle quali tuttora in corso.

L'Altes Museum, eretto tra il 1823 e il 1830 su progetto di Karl Friedrich Schinkel, affaccia sul Lustgarten il suo maestoso porticato con diciotto colonne ioniche cui dà accesso un'imponente scalinata preceduta dalla

▾ Alte Nationalgalerie

grande vasca di granito realizzata da C. Gottlieb Cantian, la Granitschale. A pianta rettangolare, la struttura, concepita da Schinkel ispirandosi ai grandi templi classici dell'antichità greca, racchiude nell'interno una rotonda centrale sul modello del Panteon di Roma cinta da una galleria scandita da colonne di ordine corinzio. Il museo, restaurato negli anni Sessanta, si organizza intorno al nucleo originario dell'Antiquarium di Federico Guglielmo III, cui nel corso degli anni si sono aggiunti numerosi altri reperti antichi di inestimabile valore. Gli spazi museali, in parte temporaneamente occupati da una selezione delle opere principali della **Alte Nationalgalerie** qui trasferite durante i lavori di restauro e risistemazione dell'edificio, offrono una vasta panoramica sull'arte antica che partendo dall'epoca arcaica spazia sul periodo classico e imperiale della cultura greca e romana con reperti provenienti da vari centri, tra cui Atene, Corinto, Sparta, le Cicladi, Samos, Mileto, Priene e Pergamo. Di notevole interesse sono inoltre le collezioni comprendenti materiali riportati alla luce durante le numerose campagne di scavo intraprese nel XIX e XX secolo dai musei berlinesi.

▲ Alte Nationalgalerie – Monumento equestre

Subito alle spalle del grandioso museo di Schinkel, il Neues Museum fu progettato da Friedrich August Stüler e costruito tra il 1841 e il 1846 per accogliere le collezioni di arte egizia. L'edificio fu, tra quelli della Museumsinsel, quello che soffrì i danni più gravi durante la seconda guerra mondiale. I lavori di ricostruzione e restauro, avviati solo nel 1985, dovrebbero essere portati a termine entro il 2009. A quel punto, i nuovi spazi museali verranno destinati ad accogliere sia le collezioni di arte egizia trasferite all'Ägyptisches Museum, sia quelle attualmente custodite nel vicino Bodemuseum.

▼ Pergamonmuseum

Ancora a Stüler, in collaborazione con Johann Heinrich Strack, si deve la Alte Nationalgalerie, progettata come un maestoso tempio corinzio sopraelevato su un alto basamento ed eretta nel decennio 1866-1876. La scenografica scalinata doppia che dà accesso all'edificio conduce all'imponente portale d'ingresso, dominato da un monumento equestre di Federico Guglielmo IV aggiunto nel 1886. Gli anni della guerra incisero profondamente tanto sull'edificio, che rimase seriamente danneggiato, quanto sulle ricche collezioni di pittura della galleria, le cui opere andarono in buona parte in fumo durante l'incendio che devastò i locali di Friedrichshain dove erano state trasferite per salvarle dai bombardamenti. Di recente sottoposta a un radicale intervento di restauro e rinnovamento, la Alte Nationalgalerie accoglie oggi grandi capolavori di pittura e scultura dell'Ottocento. Tra le opere esposte, che spaziano da Peter Cornelius a Waldmüller, da Schadow a von Hildebrand, da Constable a Courbet e a von Menzel, da Leistikow a Max Beckmann, figura tra l'altro la celebre Isola dei morti di Arnold Böcklin, il dipinto prediletto di Adolf Hitler.

Il **Pergamonmuseum**, realizzato tra il 1910 e il 1930 su progetto di Alfred Messel e Ludwig Hoffmann, è probabilmente il più visitato tra i musei del complesso. Deve il nome al grandioso altare di Pergamo che racchiude, un'imponente opera marmorea del 180-159 a.C. riportata alla luce nella celebre città dell'Asia Minore (oggi Bergama, in Turchia) negli anni Ottanta del XIX secolo e poi ricostruita pietra su pietra a Berlino a partire dal 1902. Preceduto da una grandiosa scalinata, l'altare, dedicato a Giove e Atena e cinto da uno spettacolare fregio marmoreo lungo 120 metri

▾ Pergamonmuseum

▲ Pergamonmuseum – Altare di Pergamo

raffigurante la battaglia tra gli dei e i giganti, è custodito al pianterreno dell'edificio nell'Antikensammlung. Di questa sezione fanno parte altre opere di inestimabile valore, tra cui la porta del mercato di Mileto (ca. 130 a.C.) e lo splendido mosaico pavimentale di Orfeo (fine del II secolo a.C.), accanto ai quali sono esposte preziose sculture di epoca greca e romana e un'interessante collezione di opere ellenistiche. Sempre al pianterreno, i vasti spazi del Vorderasiatisches Museum sono interamente dedicati all'arte e alla cultura del Medio Oriente, di cui offrono un'esauriente panoramica con opere e reperti che coprono un periodo di ben sei millenni. Alla ricca collezione di

◂ Pergamonmuseum – Ischtar Tor

opere d'arte, suppellettili e oggetti di uso comune pertinenti soprattutto all'età di Nabucodonosor II fanno da cornice la maestosa porta di Ischtar (580 a.C.), la via processionale e importanti frammenti della facciata della sala del trono di Babilonia. Il piano superiore del Pergamonmuseum è infine occupato dal Museum für Islamische Kunst, creato nel 1904 per ospitare la facciata del castello del deserto di Mshatta, nell'attuale Giordania, donato a Guglielmo II dal sultano turco all'inizio del secolo. Nel corso degli anni il museo si è poi arricchito accogliendo nei suoi spazi prestigiosi esempi di arte islamica tra cui la camera di Aleppo (XVI-XVII secolo) e altre realizzazioni architettoniche, nonché raffinate opere d'arte e manufatti (tra cui preziosi tappeti) provenienti dall'India e dalla Persia.

Intitolato a Wilhelm von Bode, il direttore dei musei berlinesi che nel periodo in cui rivestì questo prestigioso incarico fondò non solo questo museo ma anche il Pergamonmuseum, il **Bodemuseum** è allestito nello splendido edificio costruito tra il 1897 e il 1904 all'estremità settentrionale dell'isola dei musei cui Ernst von Ihne conferì le sue eleganti linee neobarocche. Al termine dei lavori di restauro che lo interessano il museo offrirà ai visitatori la possibilità di ammirare non solo una cospicua collezione di arte egizia, comprendente frammenti architettonici, corredi funebri, esempi di statuaria, dipinti e gioielli, ma anche preziose opere d'arte di epoca bizantina, una ricca collezione di sculture e la raccolta di monete antiche più vasta d'Europa.

◂ **Bodemuseum**

# BERLINER DOM

La **cattedrale di Berlino**, costruita tra il 1894 e il 1905 da Julius Carl Raschdorff, fu voluta dall'imperatore Guglielmo II per accogliere il tempio principale del protestantesimo prussiano e le sepolture dei membri della dinastia degli Hohenzollern. Il grandioso edificio sorse sul sito della preesistente cattedrale disegnata da Schinkel, di cui unica testimone rimane oggi la pala d'altare di Carl Begas. L'impianto originale della costruzione di Raschdorff comprendeva in effetti tre chiese: una settentrionale che venne poi distrutta, una meridionale consacrata alla celebrazione dei battesimi e dei matrimoni degli esponenti della corte e una centrale, la monumentale Predigtkirche, destinata all'ascolto delle prediche e in grado di accogliere ben 2000 fedeli. In seguito ai gravi danni subiti durante la seconda guerra mondiale l'edificio dovette essere parzialmente ricostruito e restaurato. Per dare un'idea delle proporzioni colossali della Predigtkirche (alta 116 metri, lunga 115, larga 73 e coronata da una cupola culminante a quasi 75 metri di altezza), basti pensare che ospita un organo con oltre 7000 canne! La maestosa e decoratissima scalinata imperiale che dà accesso alla chiesa permette anche di salire alla cupola, che offre una spettacolare veduta panoramica sui tetti della città.

▲ Cattedrale di Berlino – Altare

Kehrwieder

## POTSDAMER PLATZ

Il più grande laboratorio di architettura all'aperto del mondo: così è stata definita Potsdamer Platz, la piazza nel cuore della città che negli anni Venti e Trenta fu il simbolo della dolce vita berlinese.

Trafficatissima, animatissima e frequentatissima, nei suoi caffè alla moda, nei suoi famosi ristoranti e nei suoi alberghi esclusivi **Potsdamer Platz** accolse personaggi celebri come Greta Garbo ed esponenti del bel mondo europeo che contribuirono a creare il mito della Berlino di quegli anni. Ma questa piazza è, forse più di qualsiasi altro luogo di Berlino, lo spazio che meglio incarna la storia tormentata e affascinante di questa città nel corso del XX secolo, una città capace di risorgere con incredibile energia ed entusiasmo dalle ceneri in cui l'avevano scaraventata il periodo hitleriano, la guerra, gli anni del regime comunista e quelli della crisi succeduta alla riunificazione delle due Germanie. Le luci e i fasti scintillanti che la animavano negli anni Venti e Trenta furono dapprima oscurate dalle ombre inquietanti del nazismo, qui rappresentato in tutta la sua ferocia dalla sede del Volksgerichtshof, il tribunale del popolo voluto da Hitler, poi bruscamente spente dai bombardamenti della guerra, che la devastarono cancellando qualsiasi segno della sua gloria passata. Nel suo sottosuolo, dove era stato costruito il Führerbunker, la dittatura nazista crollò sotto i colpi di pistola che Adolf Hitler si sparò mettendo fine alla sua efferata esistenza e alla tragedia della guerra. Sventrata e annientata dalle bombe, per la sua posizione di snodo centrale tra il settore orientale e quello occidentale della città Potsdamer Platz dovette subire un ulteriore oltraggio: la costruzione del muro, che qui correva addirittura su due livelli per impedire eventuali tentativi di fuga verso l'Ovest attra-

◂ Potsdamer Platz – Stazione della metropolitana

▾ Potsdamer Platz – Sala imperiale nell'ex Hotel Esplanade

▲ **Potsdamer Platz: Daimler City – Marlene-Dietrich-Platz**

verso i cunicoli sotterranei fatti scavare dai nazisti sotto la piazza. Sempre per impedire qualsiasi possibilità di fuga gli ingressi della S-Bahn furono murati e quella di Potsdamer Platz diventò una delle "stazioni fantasma" della metropolitana berlinese. Per anni abbandonata e costantemente presidiata da carri armati e posti di sorveglianza armati, all'indomani della riunificazione la piazza fu subito inserita tra le aree cittadine da risanare e ripristinare. Tuttavia, alle autorità fu immediatamente chiaro che la sua ricostruzione - una ricostruzione totale, dal momento che praticamente nulla era sopravvissuto - avrebbe richiesto non solo spese ingentissime, ma un progetto di ampio respiro affidato a grandi progettisti. Per risolvere il primo dilemma decisero così, non senza sollevare aspre critiche, di vendere vari lotti di terreno a un gruppo di grandi investitori in grado di garantire i fondi necessari per la ricostruzione. Il secondo problema

▼ **Potsdamer Platz – Panorama**

fu invece affrontato indicendo un concorso internazionale, vinto da due architetti di Monaco di Baviera, Hilmer e Sattler. Daimler-Chrysler, Sony, Hertie, ABB e Haus Vaterland AG, i principali investitori coinvolti nel progetto, giudicarono tuttavia troppo tradizionaliste le soluzioni proposte dai tedeschi e, non essendo state poste condizioni di alcun tipo da parte delle autorità, decisero di interpellare un altro architetto cui affidare la revisione del piano urbanistico e di commissionare a professionisti di loro gradimento la realizzazione delle costruzioni previste per la piazza. Accanto al famoso architetto inglese Richard Rogers, "deus ex machina" della nuova Potsdamer Platz, altri professionisti di fama mondiale quali Renzo Piano, Arata Isozaki, Rafael Moneo, Helmut Jahn e Giorgio Grassi hanno reinventato l'immagine della piazza dando vita a edifici e interi complessi in cui hanno profuso tutta la loro originalità e il loro genio artistico. Nell'ottobre 1998 è stata così inaugurata la Daimler City, un quartiere di oltre 100.000 metri quadri destinata prevalentemente alle attività commerciali e in minima parte all'utilizzo residenziale di lusso. Oltre al prestigioso Grand-Hyatt Berlin di Rafael Moneo, lo spettacolare complesso delle Potsdamer Platz Arkaden, finanziato dalla Daimler-Chrysler, comprende una sala Imax allestita in un'originale costruzione sferica e il Musical Theater, disegnato da Renzo Piano ispirandosi alle linee dell'adiacente Staatsbibliothek.

▲ **Potsdamer Platz: Daimler City – Potsdamer-Platz-Arkaden**

Di eccezionale originalità è anche l'area affidata dalla Sony a Helmut Jahn, il quale nella sua vasta e scenografica piazza coperta da una grande vela ha inglobato la parte dello storico Hotel Esplanade sopravvissuta ai bombardamenti della guerra, comprendente la celebre Kaisersaal dove anche Guglielmo II amava intrattenersi. Una delle facciate interne dell'area ospita un gigantesco schermo che trasmette 24 ore su 24 informazioni aggiornate da tutto il mondo. Del complesso fa inoltre parte la Filmhaus, una struttura consacrata al cinema e alla sua storia.

◂ **Potsdamer Platz – Area Sony, DB-Tower**

DB
SonyCenter
CineStar
IMAX

HOLSTEN

# PHILHARMONIE

Subito a ovest di Potsdamer Platz, la **Philharmonie**, compresa nell'area del Kulturforum, fu eretta nel 1960-1963 su progetto di Scharoun per dare una degna sede ai celebri Berliner Philharmoniker. Coronato da un tetto a tenda, l'edificio, tutto giocato su linee asimmetriche, racchiude nell'interno una scenografica struttura pentagonale suddivisa tra spazio per gli orchestrali e spazio per il pubblico a sua volta coperta da un soffitto illuminato da centinaia di cilindri luminosi inframmezzati da vele appositamente concepite per restituire l'acustica più perfetta. A sinistra dell'edificio, la **Kammermusiksaal**, realizzata da Wisniewski nel 1984-1987 e riservata alla musica da camera, è conosciuta con il soprannome di Kleine Philharmonie, piccola filarmonica. La costruzione sulla destra, ultimata nel 1984 su progetto di Scharoun e Wisniewski e collegata alla Philharmonie, ospita il Musikinstrumenten-Museum. Il museo, organizzato sulla base dei più moderni criteri espositivi e didattici, offre la possibilità di ammirare centinaia di strumenti e di ripercorrere la storia della scienza musicale dal XVI secolo a oggi anche attraverso una ricca biblioteca e un archivio specializzato.

◂ **Philharmonie**

▾ **Kammermusiksaal**

# KURFÜRSTENDAMM

L'ampio viale che corre tra Rathenauplatz e Breitscheidplatz è la principale via commerciale della città. Il Ku'damm, come lo chiamano i berlinesi, in origine era il percorso di campagna che Gioacchino II utilizzava per spostarsi a cavallo dal castello alla sua tenuta di caccia di Grunewald. Fu poi Bismarck, nel XIX secolo, a farlo pavimentare e ad allargarlo conferendogli un'ampiezza degna degli Champs Elysées di Parigi. I bombardamenti della seconda guerra mondiale lo devastarono, distruggendo quasi tutti gli edifici che vi prospettavano. Tra i pochi sopravvissuti, l'elegante Iduna Haus dell'inizio del Novecento e alcuni sontuosi palazzi di fine Ottocento si stagliano in mezzo a costruzioni e palazzi moderni realizzati nel dopoguerra. Agli amanti dello shopping o del passeggio il Ku'damm offre di sicuro uno spettacolo memorabile. Lungo i suoi marciapiedi, sempre affollati di venditori ambulanti e artisti di strada, si susseguono infatti negozi alla moda, boutique eleganti, grandi magazzini fornitissimi, caffè, locali, ristoranti, alberghi, sale cinematografiche, teatri e luoghi di ritrovo. L'animazione è garantita e si affievolisce, come il traffico, intensissimo, solo a tarda notte.

▲ Magic Balloon

Breitscheidplatz con la fontana del mappamondo ▶

## BREITSCHEIDPLATZ

La piazza, dove oltre al Ku'damm convergono altre tre grandi arterie (Budapester Straße, Kantstraße e Tauentzienstraße), è facilmente riconoscibile per la **Globe Fountain**, la grande fontana del mappamondo collocatavi nel 1983, ma merita una visita soprattutto per i resti della Kaiser-Wilhelm-**Gedächtniskirche**. Della chiesa, costruita in forme neoromaniche da Franz Schwechten nel 1891-95 e poi devastata dal bombardamento del 23 novembre 1943, è sopravvissuta solo una porzione della torre campanaria, alta in origine 113 metri ma ridotta a soli 68 in seguito alla perdita della parte superiore. Alla fine degli anni Cinquanta Egon Eiermann fu chiamato a progettare un edificio che salvaguardasse e mettesse in rilievo i resti della torre. La sua originale struttura ottagonale con vetrate blu, coperta da un tetto piatto e affiancata da una torre esagonale, fu realizzata in soli tre anni e consacrata nel 1961. Dalla fine degli anni Ottanta la torre monca accoglie la Gedenkhalle, una sala della memoria in cui oltre a un commovente Cristo realizzato da Fritz Schaper nel 1895 sono esposti fotografie d'epoca e frammenti della decorazione musiva e scultorea della chiesa originaria.

La piazza ospita un'altra originale realizzazione degli anni Sessanta, l'**Europa Center**, un grande centro commerciale disegnato da K.H. Pepper e costruito tra il 1963 e il 1965. Con una superficie complessiva di poco meno di 100.000 metri quadrati, il centro accoglie nei suoi 22 piani negozi, boutique, cinema, il prestigioso Hotel Palace, un teatro e il famoso cabaret „Die Stachelschweine",, oltre a vari uffici e alla sede del Berliner-Touristinformation. La visita è scandita da un curioso orologio ad acqua realizzato dal francese Bernard Gitton.

Non lontano, lungo il Ku'damm, il Kranzler-Eck, che prende il nome dal celebre **Café Kranzler**, offre

B.Z.
die größte
B.Z.
Info
214 37 52
KFC
KFC
KFC

◂ Europa-Center sulla Breitscheidplatz ▾ Europa-Center

▴ Europa-Center – Orologio idrico

▲ Kranzler-Eck

la vista sul traffico caotico della città e sulla Gedächtniskirche della Breitscheidplatz.

Da Breitscheidplatz, seguendo a piedi Kantstraße per un breve tratto si raggiunge l'ottocentesco **Theater des Westens**, dove nel 1926 si esibì la leggendaria Joséphine Baker.

## SKULPTURENBOULEVARD

Questa galleria di scultura all'aperto, creata nel 1987 in occasione del 750° anniversario della fondazione di Berlino, si sviluppa lungo il Ku'damm e la Tauentzienstraße nonché nelle due piazze poste alle estremità opposte del Ku'damm - Breitscheidplatz e Rathenauplatz -, dove sono state collocate le opere di vari artisti contemporanei. Tra le realizzazioni più significative si impongono Two Lines Excentric Joined With Six Angles di George Rickey, Grosse Frauenfigur Berlin di Rolf Szymanski e Pyramide di Josef Erben.

▼ Kranzler-Eck

Theater des Westens ▸

HANC DOMVM ARTIS COLENDAE CAVSA CONDIDIT.
ANNO MDCCCLXXXXVI BERNHARD SEHRING.
Les Misérables
Les Misérables
P

# ZOOLOGISCHER GARTEN E BAHNHOF ZOO

A breve distanza da Breitscheidplatz, lo **zoo di Berlino** si sviluppò a partire dal 1844 in seguito alla donazione di Federico Guglielmo IV dell'allevamento di fagiani del Tiergarten e degli animali che popolavano la Pfaueninsel. Nei decenni seguenti venne notevolmente ingrandito e dotato di nuove strutture, tra cui l'acquario, diventando uno dei più grandi e importanti d'Europa. Durante la seconda guerra mondiale fu quasi completamente raso al suolo. La ricostruzione avviata nel dopoguerra, ispirata ai criteri più moderni di organizzazione e allevamento, privilegiò la sistemazione di ambienti all'aperto che rispecchiassero il più fedelmente possibile gli habitat naturali dei vari animali. Dalla fine degli anni Cinquanta è stato ulteriormente ampliato e arricchito di nuovi spazi e edifici e oggi ospita poco meno di 14.000 animali di oltre 1500 specie, attestandosi come il parco zoologico popolato dal maggior numero di specie del mondo. Ricchissimo, l'Aquarium, rimodernato e ingrandito con l'aggiunta di un terrarium e di un insettario, accoglie all'incirca 12.000 animali di 500 specie diverse.

Nei pressi, la **Bahnhof Zoologischer Garten** è la stazione più importante di Berlino Ovest. Restaurata e rimodernata alla fine degli anni Ottanta, fu descritta insieme alla zona circostante nell'autobiografia Noi, i ragazzi dello zoo di Berlino, in cui la protagonista Christiane F. illustrava la sua esperienza di tossicodipendenza, violenza e prostituzione vissuta sullo sfondo della "Bahnhof Zoo".

**▾ Zoologischer Garten ▸**

▲ **Bahnhof Zoologischer Garten**

▲ KaDeWe

## KaDeWe

Poco distante, in Tauentzienstraße, il **KaDeWe** (Kaufhaus des Westens) è il grande magazzino più rinomato e più fornito di Berlino. Nei 60.000 metri quadrati distribuiti su sette piani del KaDeWe, fondato nel 1907, ricostruito dopo la guerra e di recente ampliato e ristrutturato, si trova di tutto, come ben dimostra il reparto alimentari, con una scelta di oltre 5000 articoli e prodotti

◄ **Berlino Plastica**

# SCHLOSS CHARLOTTENBURG

Commissionata a Nering alla fine del Seicento da Federico III, quella che doveva essere una "semplice" residenza estiva per la seconda moglie Sofia Carlotta si trasformò nel corso di un secolo - tanto ci volle per portarlo a termine - in uno dei palazzi più sontuosi di Berlino. Il castello è un'autentica summa di architettura prussiana in cui si può riconoscere il genio degli architetti che contribuirono alla sua realizzazione: Nering, autore dell'edificio originario; Grünberg, che progettò le due ali laterali; Johann Eosander von Göthe, cui si devono non solo l'aggetto centrale della facciata e la cupola, ma anche l'Orangerie; Knobelsdorff , che aggiunse lungo il lato orientale l'ala con i saloni delle feste; Langhans, che progettò il teatro vicino al giardino d'inverno; e infine Boumann, che intervenne negli ultimi anni del XVIII secolo. La visita dello **Schloss Charlottenburg**, pesantemente danneggiato dai bombardamenti del 1943 e in seguito perfettamente restaurato, inizia dall' Ehrenhof, al cui centro troneggia la statua equestre del Grande Elettore Guglielmo di Brandeburgo, realizzata da Schlüter.

Nel corpo centrale sono gli Historische Räume, gli appartamenti reali sontuosamente arredati e decorati: a sinistra dell'ampio vestibolo e della lussuosa sala ovale quelli di Federico III e della moglie, comprendenti tra l'altro lo spettacolare Porzellankabinett; a destra, una sala degli specchi, varie camere decorate da splendidi arazzi e la Galleria di quercia. Da qui, un vestibolo dà accesso all'ala aggiunta da Knobelsdorff, con i saloni delle feste in stile rococò, l'elegante sala da pranzo e la stupefacente Goldene Galerie. Al piano superiore, gli appartamenti di Federico II sono arredati con preziose opere d'arte di ispirazione etrusca, porcellane cinesi e dipinti del Settecento francese.

All'estremità dell'ala occidentale, l'ex teatro di corte è oggi sede di un

◂ Schloss Charlottenburg – Parco

museo con interessanti collezioni di arte preistorica e antica e, al piano superiore, la Schliemann Saal, che espone numerosi reperti provenienti dagli scavi di Troia donati alla città dall'archeologo Heinrich Schliemann nel 1881. All'estremità opposta, al pianterreno dell'ala aggiunta da Knobelsdorff a metà del XVIII secolo, la Galerie der Romantik è dedicata alla pittura tedesca del romanticismo, del classicismo e del Biedermeier.

Lo Schlosspark, il magnifico parco che si estende intorno al castello, fu disegnato alla francese da Siméon Godeau alla fine del Seicento e un secolo dopo modificato in stile inglese da Johann August Eyserbeck e dal 1819 da Peter Josef Lenné. Durante i lavori di risistemazione eseguiti dopo la guerra, la zona del parco più prossima allo Schloss Charlottenburg è stata risistemata nello stile francese barocco originario. Nel vasto giardino, che, inframmezzato da bacini, si estende fino alle rive dello Spree, si possono ammirare lo **Schinkel Pavillon**, realizzato nel 1825 come residenza estiva per Federico Guglielmo III; il Belvedere, progettato alla fine del XVIII secolo da Langhans come casa da tè e oggi sede di una bella esposizione di porcellane; e il mausoleo della regina Luisa, eretto nel 1812 e ingrandito nella seconda metà dell'Ottocento.

▾ **Schloss Charlottenburg – Schinkel Pavillon**

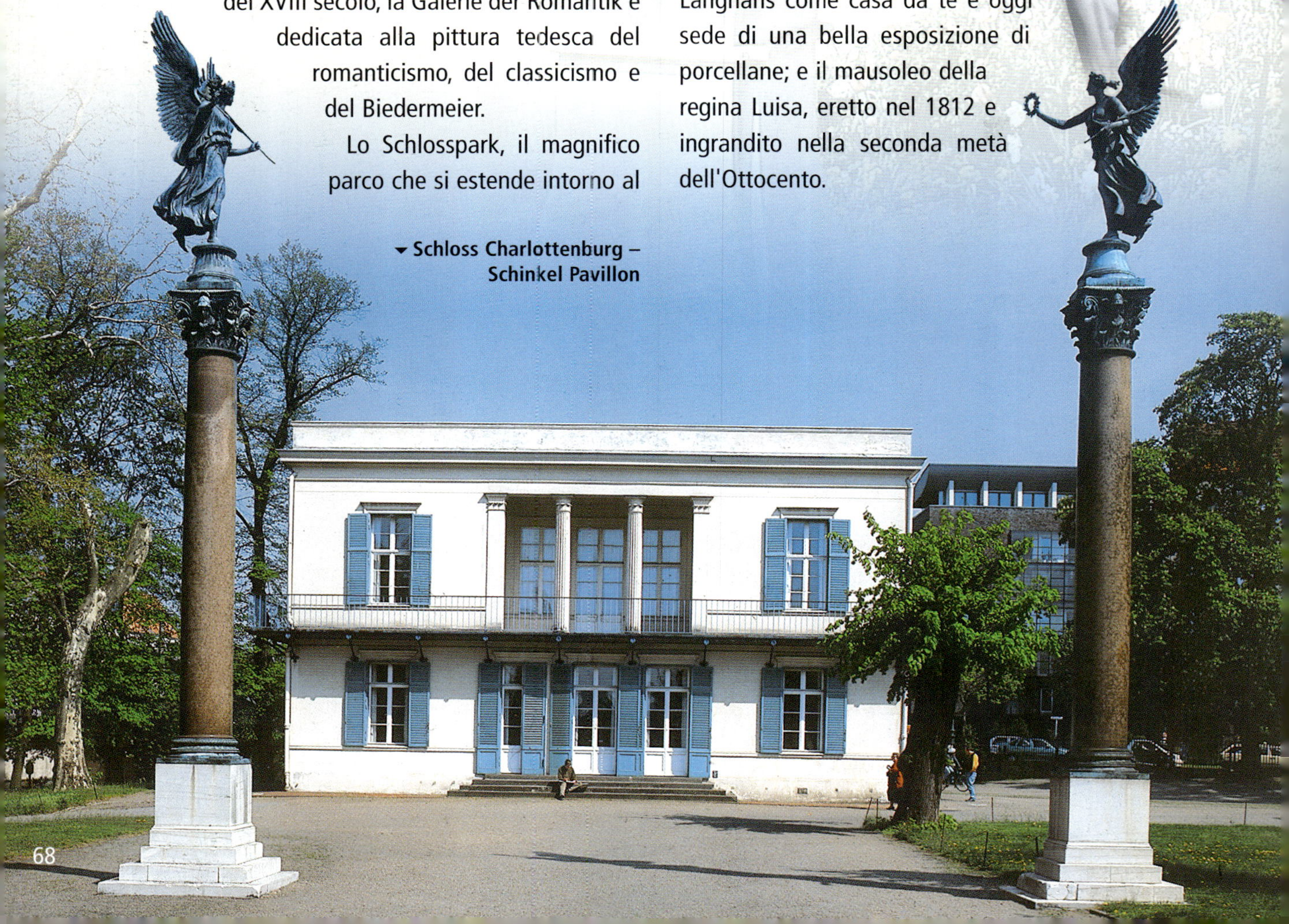

▾ Colonna della Vittoria (Siegessäule)

# TIERGARTEN

Dallo Schloss Charlottenburg la Otto-Suhr-Allee conduce in Ernst-Reuter-Platz, dove ha inizio la lunga e ampia Straße des 17. Juni.

Seguendola in direzione della porta di Brandeburgo si costeggia l'Hansaviertel, un quartiere residenziale raso al suolo durante la guerra alla cui ricostruzione, avviata all'inizio degli anni Cinquanta, lavorò un gruppo di architetti di fama mondiale tra cui Gropius, Alvar Aalto e Niemeyer. Tra le varie realizzazioni si impone per la sua audace originalità e per il campanile trasparente la Kaiser-Friedrich-Gedächtniskirche, costruita nel 1957 da Ludwig Lemmer sul sito della precedente chiesa ottocentesca andata distrutta durante la guerra.

Più avanti, Großer Stern è ornata al centro dal **Siegessäule** (1873), qui trasferita da Platz der Republik (l'antica Königsplatz) nel 1939. L'imponente colonna, alta 69 metri, è coronata da una statua dorata della Vittoria. Il tema della vittoria compare anche sui rilievi di bronzo che ornano il basamento, scandito da colonne attraverso le quali si intravede un mosaico raffigurante la fondazione dell'impero tedesco. Nell'interno, una scala conduce a una terrazza panoramica che offre una splendida vista sul Tiergarten.

Esteso su una superficie di 200 ettari, il parco del **Tiergarten**, che ancora nel Seicento era una tenuta di caccia reale, fu sistemato all'inglese da Lenné nel XIX secolo e poi

▾ Tiergarten e panorama di Berlino

◂ **Colonna della Vittoria**

▾ **Colonna della Vittoria**

aperto al pubblico da Federico II. La vasta distesa, solcata da corsi d'acqua e comprendente radure, bacini, prati e oltre 20 chilometri di sentieri, non fu risparmiata dalle bombe della seconda guerra mondiale, ma subì i danni più gravi nel corso dell'inverno 1946-47, quando i cittadini di Berlino abbatterono la maggior parte dei suoi alberi per procurarsi legna da bruciare. Grazie agli interventi di riforestazione e risistemazione avviati nel dopoguerra, oggi il parco ha riacquistato il suo aspetto rigoglioso e il suo ruolo di grande polmone verde della città. A cavallo tra il XIX e il XX secolo vi furono collocati numerosi monumenti, tra cui quello a Federico Guglielmo III, le statue di Goethe, della regina Luisa, di Bismarck e di Wagner e il monumento a Mozart, Haydn e Beethoven. Nel parco si possono inoltre vedere le stele commemorative dedicate a Rosa Luxemburg e Karl Liebknecht.

Sempre nell'area del Tiergarten, ma in prossimità del corso dello Spree, la **Kongresshalle** fu progettata da Hugh A. Stubbins con Werner Düttmann e Franz Mocken e costruita nel 1957. Sottolineate dalla splendida copertura a sbalzo, le sue linee avveniristiche, che ne fanno uno dei capolavori dell'architettura del XX secolo, si specchiano nel bacino antistante mescolandosi con il riflesso della scultura di Henry Moore Two Figures, dal profilo ugualmente morbido e tondeggiante.

▾ **Haus der Kulturen der Welt (ex Kongresshalle)**

# FRIEDRICHSTRAßE

**Friedrichstraße**, un'altra grande arteria di Berlino, si snoda per oltre 3 chilometri tra Oranienburger Tor, a nord, e Mehringplatz, a sud. Inizialmente utilizzata per le parate militari, la strada si sviluppò soprattutto tra la fine del XVIII e l'inizio del XIX secolo, quando si arricchì non solo di edifici e negozi, ma anche di caffè, locali e teatri. In parte già soppiantata dal Kurfürstendamm negli anni Venti del Novecento, fu devastata dal bombardamento alleato del 3 febbraio 1945, che cancellò praticamente tutte le sue costruzioni e i suoi palazzi lasciandola distrutta e desolata. Nel 1961 la costruzione del muro inflisse un altro duro colpo a Friedrichstraße, che si ritrovò divisa in due all'altezza di Zimmerstraße, più o meno a metà del suo percorso. La ricostruzione, già avviata nel dopoguerra, prese slancio soprattutto dopo la caduta del muro e la riunificazione grazie all'intervento di numerosi investitori privati, ai quali tuttavia, diversamente da quanto avvenuto per Potsdamer Platz, le autorità imposero il rispetto di specifici vincoli architettonici.

▲ **Friedrichstadtpalast**

▼ **Bahnhof Friedrichstraße**

Percorrendo la via a partire dalla Oranienburger Tor si raggiunge in breve il **Friedrichstadtpalast**, un grande teatro destinato agli spettacoli di varietà costruito nel 1984. L'edificio è stato realizzato sul sito di un precedente teatro, fondato da Max Reinhardt nel 1919 sfruttando l'area di un più antico mercato coperto risalente al 1868 che in epoca imperiale fu trasformato in circo.

A breve distanza, il Weidendammbrücke, realizzato negli ultimi anni del XIX secolo, unisce le due sponde dello Spree con il suo piano di oltre 80 metri ornato da eleganti parapetti in ferro battuto.

Poco oltre, in prossimità dell'Unter den Linden, la **Bahnhof Friedrichstraße**, inaugurata nel 1822, per tutto il periodo in cui Berlino fu divisa dal muro la grande stazione funse da "varco di frontiera" principale tra i due settori della città.

▾ **Friedrichstraße con i magazzini Lafayette**

▾ Galeries Lafayette

Quartier 206 ▸

Oltre l'Unter den Linden la Friedrichstraße illustra bene la febbre edilizia che ha interessato la città negli ultimi decenni, offrendo alla vista realizzazioni urbanistiche e architettoniche di grande originalità. Di particolare interesse sono soprattutto, nell'area compresa tra Französische Straße e Mohrenstraße, i Friedrichstadtpassagen, formati da complessi tra loro collegati ("Quartier") progettati da diversi architetti e caratterizzati da differenti destinazioni d'uso, per lo più commerciale e per uffici. Agli statunitensi Pei Cobb Freed & Partners si deve il complesso centrale, il **Quartier 206**, con una spettacolare copertura in vetro da cui la luce filtra mettendo nel giusto risalto gli intriganti giochi cromatici e geometrici realizzati nell'interno con l'uso di marmi di vario tipo e colore. Il tema dell'illuminazione e dei giochi di luce ricompare anche nel complesso settentrionale, il Quartier 207 dell'architetto francese Jean Nouvel dove hanno sede le **Galeries Lafayette**: al centro del grande magazzino è infatti collocato un imbuto di proporzioni smisurate (è alto 37 metri) realizzato interamente in vetro sulla cui superficie le luci sfavillanti dei negozi si riflettono creando effetti davvero scenografici.

Gendarmenmarkt – Duomo tedesco (Deutscher Dom) ▸

Subito dietro i Friedrichstadtpassagen si apre **Gendarmenmarkt**, una delle piazze più eleganti e ammirate di Berlino. Di origini seicentesche, deve il nome al reggimento di gendarmeria di cui nel XVIII secolo ospitò gli alloggiamenti e le scuderie per un cinquantennio. I gravi danni inflitti alla piazza dai bombardamenti del secondo conflitto mondiale furono risarciti già nei primi anni del dopoguerra, quando

HILTON

▼ Schauspielhaus

Gendarmenmarkt fu ribattezzata Platz der Akademie, nome che abbandonò poi a favore di quello originario all'indomani della caduta del muro. Dei tre edifici monumentali che si affacciano sulla piazza, i più antichi sono le due cattedrali, costruite rispettivamente nel 1701-1705 e tra il 1701 e il 1708, mentre la Schauspielhaus risale agli anni Venti del XIX secolo.

Progettato da Louis Cayart e Abraham Quesnay, il **Französischer Dom** fu realizzato lungo il lato nord di Gendarmenmarkt per la comunità di esuli ugonotti che dalla Francia si erano trasferiti in Prussia e a Berlino nel 1685. L'imponente torre a cupola, realizzata solo dopo la metà del XVIII secolo, ospita a un terzo circa della sua altezza complessiva (70 metri) una piccola vineria e una ventina di metri più in alto una terrazza che offre una vista spettacolare sulla città. Nell'interno della cattedrale si può visitare un interessante museo dedicato alla storia degli ugonotti.

Negli stessi anni dell'inizio del XVIII secolo, ma sul lato sud-occidentale della piazza, sorse il **Deutscher Dom**, costruito per la comunità di protestanti luterani di Berlino. Come nel caso della cattedrale ugonotta, sulla struttura originaria dell'edificio, progettata da Martin Grünberg, intorno al 1750 fu innestata una torre a cupola gemella di quella del Französischer Dom e disegnata dallo stesso architetto, Carl Friedrich von Gontard. Nello stesso periodo la cattedrale, che ospita nell'interno un'esposizione dedicata agli ultimi due secoli di storia della città, fu ampliata con l'aggiunta di un elegante portico scandito da colonne.

Gioiello architettonico di Gendarmenmarkt, la

◄ **Schauspielhaus – Dettaglio di una statua sulla facciata**

Duomo tedesco (Deutscher Dom)

**Schauspielhaus** si erge al centro della piazza incorniciata dalle due cattedrali. Il maestoso edificio, disegnato da Schinkel, fu costruito in soli tre anni a partire dal 1818 sul sito del Nationaltheater, un più antico teatro distrutto da un incendio appena un anno prima. Ornata sulla facciata da un elegante frontone decorato a rilievo e sormontata da statue delle muse, dopo i lavori di restauro intrapresi nel 1984, la Schauspielhaus - ribattezzata Konzerthaus - è oggi destinata unicamente ai concerti sinfonici, che accoglie nella sua vasta sala principale in stile neoclassico, e alla musica da camera, cui è riservata un'apposita sala, più piccola. Il gruppo marmoreo collocato di fronte all'edificio, cinto da un'elegantissima balaustra di ferro battuto elaboratamente lavorato, raffigura il grande poeta Friedrich Schiller con ai piedi le personificazioni della filosofia, della storia, della poesia drammatica e della lirica.

Schauspielhaus – Dettaglio di una statua sulla facciata

# CHECKPOINT CHARLIE E IL MURO DI BERLINO

Lungo il suo percorso in direzione di Mehringplatz, al di là di Leipziger Straße, Friedrichstraße incrocia Zimmerstraße, il punto in cui passava il muro e dove sorgeva il celebre **Checkpoint Charlie**, posto di attraversamento del confine tra Berlino Est e Berlino Ovest. Proprio all'angolo tra le due strade, la **Haus am Checkpoint Charlie** ripercorre gli anni bui, le repressioni e i tragici tentativi di fuga del periodo della divisione della città di cui fu testimone questo luogo immortalato in innumerevoli film di spionaggio.

A partire dal 1952, anno in cui fu ufficializzata la chiusura delle frontiere, le autorità della Repubblica democratica si ritrovarono a dover affrontare il problema di una vera e propria emorragia di profughi che proprio attraverso il confine di

▲ Friedrichstraße: oggetti souvenir della ex Rdt comunista

▲ Haus am Checkpoint Charlie

Berlino cercavano di raggiungere l'Occidente. Proprio per arrestare questo flusso e per impedire in ogni modo qualsiasi tentativo di fuga - anche se la propaganda di stato fornì spiegazioni diverse, spesso al limite del credibile -, nel 1961 fu deciso di innalzare un muro che separasse anche fisicamente il settore orientale dai tre settori occidentali della città. La costruzione dell'immensa barriera, affidata agli uomini della Volkspolizei e della Volksarmee, fu portata a termine in tempi brevissimi, anche se negli anni seguenti la struttura venne via via munita di torrette di sorveglianza armata, impianti di allarme, bunker e quant'altro serviva per tenere sotto strettissimo controllo l'intero confine. Nel giro di pochi giorni Berlino si ritrovò così spaccata in due da nord a sud da un muro di cemento lungo oltre 40 chilometri e alto più di 4 metri e da altri 100 chilometri di filo spinato e rete metallica: da un lato restarono i quartieri orientali di Pankow, Prenzlauer Berg, Mitte, Friedrichshain e Treptow, dall'altro quelli occidentali di Reinickendorf, Wedding, Tiergarten, Kreuzberg e Neukölln. La costruzione del muro comportò naturalmente tutta una serie di effetti secondari, tra cui l'interruzione del traffico su più di cinquanta arterie di collegamento e la chiusura, a Berlino Est, di varie stazioni della metropolitana, le cosiddette "stazioni fantasma", le cui uscite vennero murate. L'orribile materializzazione della metaforica "cortina di ferro" non riuscì tuttavia a soffocare il profondo anelito di libertà di tanti berlinesi che nei modi più vari tentarono ugualmente la fuga: molti riuscirono a passare al di là del muro, ma migliaia furono le persone ferite mentre cercavano di scappare, arresta-

te e imprigionate, e più di settanta quelle che in questo disperato tentativo caddero vittime dei colpi sparati dalle unità della Volkspolizei che pattugliavano costantemente il muro. Intanto, dall'altra parte del muro, tanti berlinesi e non esprimevano il loro dissenso con gli organi statali della Rdt e la loro vicinanza ai concittadini con migliaia di graffiti realizzati sulla sua superficie.

Il 9 novembre 1989 le immagini di una folla immensa che scavalcava il muro accalcandosi per le strade di Berlino Ovest fecero il giro del mondo commuovendo l'intera opinione pubblica. Poco più di un mese dopo, il 22 dicembre, la riapertura della porta di Brandeburgo simboleggiò la fine della divisione tra Berlino Est e Berlino Ovest e l'inizio del grande processo di riunificazione delle due Germanie.

Il muro, rimasto in piedi per ben ventotto anni, nel giro di pochi giorni fu quasi completamente distrutto, dapprima a colpi di martello e piccone dai cittadini stessi, poi dalle autorità berlinesi che procedettero al suo abbattimento. A parte i tantissimi frammenti finiti nei musei di vari paesi o nelle case di quanti hanno voluto portarne via un pezzo come "souvenir", i pochi tratti sopravvissuti rimangono a testimoniare un periodo incancellabile della storia non solo di Berlino ma dell'intera umanità. Tra questi, un tratto di 1300 metri lungo il corso dello Spree è stato dipinto lungo il lato orientale da artisti provenienti da tutto il mondo e trasformato nell'ormai celebre e visitatissima **East Side Gallery**.

EAST SIDE

amnesty international
The Gonzo World Tour 2004
YOUNGRAN
(Lona Ki
1990/20

# ALEXANDERPLATZ

Intitolata allo zar Alessandro I nel 1805 in occasione della sua visita a Berlino, l'immensa piazza (che i berlinesi chiamano semplicemente "Alex") sorge sull'area in cui durante il XVIII secolo furono allestiti un mercato del bestiame e un mercato della lana. Le vicende storiche di **Alexanderplatz**, tra cui il pesante bombardamento subito nel 1945, sono documentate da una serie di murales realizzati nel sottopassaggio dell'Hotel Park Inn. Alla fine degli anni Sessanta le autorità di Berlino Est decisero di risistemare l'area ingrandendola di cinque volte rispetto alle sue dimensioni originarie e circondandola di edifici e palazzi ispirati al più puro realismo sovietico, primo fra tutti il gigantesco Hotel Park Inn di 39 piani e alto 123 metri. Il celebre **Weltzeituhr, l'"orologio del mondo"** di Erich John, fu collocato nella piazza nel 1969, anno in cui l'artista Walter Womacka realizzò la fontana Brunnen der Völkerfreundschaft.

Nell'ottica della ristrutturazione urbana dei principali siti della città, l'amministrazione di Berlino ha affidato all'architetto Hans Kollhoff il compito di rinnovare Alexanderplatz riducendone nel contempo drasticamente le dimensioni.

Dal lato orientale della piazza parte Karl-Marx-Allee, così ribattezzata nel 1961 cancellando il vecchio nome di Stalin-Allee. Aperta nei primi anni Cinquanta, la lunga arteria, che si prolunga verso est fino al cuore del quartiere di Friedrichshain, fu la prima strada realizzata dal regime sovietico nella Germania dell'Est. Il 17 giugno del 1953, costretti a ritmi di lavoro massacranti, gli operai impegnati nella costruzione dei palazzoni popolari che si affacciano lungo il viale proclamarono uno sciopero che fu immediatamente represso nel sangue dalle truppe armate sovietiche.

◂ Alexanderplatz: Fernsehturm

▾ Weltzeituhr, l'"orologio del mondo"

## FERNSEHTURM

Perfettamente visibile da quasi tutti i punti della città, con i suoi 368 metri di sviluppo la torre della televisione è dal 1969, anno in cui fu inaugurata, l'edificio più alto di Berlino. Oltre a una spettacolare terrazza da cui si gode un panorama mozzafiato sulla città, la struttura, disegnata dagli architetti Fritz Dieter e Günther Franke, comprende all'interno della sfera d'acciaio collocata a oltre 200 metri di altezza una caffetteria panoramica rotante che offre ai visitatori una vista a 360° di Berlino.

▲ **Alexanderplatz: Marienkirche**

# ROTES RATHAUS

L'ex municipio di Berlino Est, oggi Berliner Rathaus, sorge a breve distanza dalla torre della televisione, dalla quale lo separa una piazza ornata da una bella fontana ispirata al dio del mare Nettuno. Dal 1991 ospita il sindaco e le autorità della città riunificata. L'imponente costruzione, che deve il nome di "municipio rosso" ai mattoni impiegati per rivestirne l'esterno, fu innalzata tra il 1861 e il 1869. L'architetto H. Friedrich Waesemann la progettò in stile neorinascimentale creando una struttura su tre livelli sormontata sopra l'ingresso principale da una torre dell'orologio alta 74 metri. Il palazzo, che racchiude tre cortili interni, è interamente cinto all'esterno da un fregio di terracotta scolpita che ripercorre i momenti salienti della storia di Berlino dalla sua fondazione al XIX secolo.

All'angolo opposto tra Rathausstraße e Spandauer Straße, il Marx-Engels-Forum è un vasto spiazzo quadrangolare ombreggiato da grandi alberi dove è sistemata una scultura in bronzo raffigurante Marx e Engels. Il monumento è diventato una meta turistica da quando, all'indomani della caduta del muro, una mano anonima ha aggiunto sul basamento la scritta "Wir sind unschuldig" (Noi siamo innocenti).

◂ **Alexanderplatz: Fernsehturm**

# NIKOLAIVIERTEL

Il quartiere occupa un'ampia area a sud-ovest del Rotes Rathaus delimitata da Rathausstraße, Spandauer Straße, Molkenmarkt, Mühlendamm e Spreeufer, in riva allo Spree, corrispondente al sito in cui nacque la città di Berlino. L'aspetto antico del quartiere e dei suoi edifici, raccolti intorno alla Nikolaikirche, è in effetti posticcio e si deve alla ricostruzione operata negli anni Ottanta del XX secolo sulla base di un ambizioso progetto concepito dall'architetto Günter Stahn per restituire a questa zona tutto il suo fascino d'antan. Chiusi al traffico, i vicoli e le stradine di questa pittoresca isola pedonale, su cui si affacciano case basse dalla tipica architettura antica, offrono la possibilità di fare un tuffo nel passato e di godere di un'atmosfera quieta e suggestiva.

Passeggiando accanto alle sale da tè, ai suggestivi ristoranti e ai tanti laboratori di artigianato si arriva immancabilmente alla **Nikolaikirche**, al centro del quartiere, che è la chiesa più antica della città. La lunga storia di questo edificio iniziò intorno al 1230, quando su questo sito sorse una basilica cristiana consacrata a san Nicola, in seguito dotata di un piccolo cimitero. Nella seconda metà del XV secolo sulla stessa area fu edificata in forme tardogotiche un'altra

LA RIVA
CAPT. MORGAN

chiesa, con tre navate coperte da un tetto a capanna. L'edificio, più volte rimaneggiato e ricostruito, fu gravemente danneggiato durante la seconda guerra mondiale. Nell'interno, oltre ai grandi blocchi di pietra visibili sul muro occidentale, l'unica vestigia dell'originaria chiesa medievale insieme a poche tracce di affreschi coevi, sono interessanti soprattutto la splendida Kötteritzkapelle, realizzata in epoca tardorinascimentale e alcuni monumenti funebri.

Oltre alla Nikolaikirche e al tracciato originario delle vie, il Nikolaiviertel offre altri spunti interessanti. Sulla destra della chiesa, la Knoblauchhaus, ricostruita alla fine degli anni Ottanta, è un magnifico esempio di architettura rococò realizzato intorno al 1760 come il vicino Ephraim-Palais, con l'elegante facciata curva progettata sempre in stile rococò da Friedrich Wilhelm Diterichs. Costruito per il tesoriere di Federico il Grande Veitel Heine Ephraim, il palazzo è oggi sede di esposizioni. Nei pressi si può ammirare il Drachentöter, un monumento del 1853 raffigurante san Giorgio che atterra il drago.

▲ Nikolaiviertel

## OBERBAUMBRÜCKE

Da Nikolaiviertel, procedendo in direzione est lungo il corso dello Spree si raggiunge l'**Oberbaumbrücke**, il ponte che collega il quartiere di Kreuzberg con Friedrichshain e che nel periodo in cui il muro divise la città funse da passaggio pedonale tra Berlino Est e Berlino Ovest. All'ombra delle sue due gigantesche torri il 9 novembre 1989 una folla di cittadini del settore orientale festeggiò la riapertura delle frontiere riversandosi sul ponte per raggiungere Berlino Ovest.

Poco più a sud, a Treptow, in riva alle acque dello Spree gli amanti della scultura moderna potranno deliziarsi ad ammirare lo spettacolare Uomo molecola dell'artista statunitense Jonathan Borofsky, una colossale statua alta 30 metri che rappresenta la più grande scultura all'aperto presente a Berlino.

◂ **La scultura dell'Uomo Molecola**

## KULTURFORUM

Un'altra realizzazione che dimostra appieno l'incredibile energia vitale che percorre Berlino e i suoi abitanti è il **Kulturforum**, che con espressione colorita ma efficace l'architetto inglese James Stirling ha definito "il più grande zoo architettonico del mondo". Il complesso, concepito negli anni Cinquanta dal tedesco Hans Scharoun e costruito su una vasta area compresa tra il lato meridionale del Tiergarten, Potsdamer Platz e il Landwehrkanal completamente distrutta dai bombardamenti della seconda guerra mondiale, raggruppa i musei berlinesi dedicati all'arte e alla cultura europea. Progettate da architetti di fama indiscussa come Mies van der Rohe, Hans Scharoun e Edgar Wisniewski, le varie strutture hanno visto la luce tra gli anni Sessanta e Novanta. Subito dopo la Philharmonie nel decennio 1967-1978 Hans Scharoun realizzò la Staatsbibliothek su una vasta area al di là di Potsdamer Straße, per l'occasione ruotata rispetto al suo asse originale. La vasta biblioteca custodisce nelle sue sale un cospicuo fondo di opere appartenute alla Preußische Staatsbibliothek cui nel corso degli anni si sono aggiunte numerose acquisizioni che hanno portato a un patrimonio complessivo stimato nell'ordine di circa quattro milioni tra volumi, codici miniati (tra cui il cinquecentesco Libro delle ore del fiammingo Nicolas Firmian), manoscritti antichi europei e orientali, opere musicali autografe, mappe e carte geografiche.

A est della biblioteca, la **Neue Nationalgalerie** porta la firma di uno dei più grandi esponenti dell'architettura moderna, Ludwig Mies van der Rohe. Costruita nel 1965-1968, la struttura, un linearissimo cubo di vetro e acciaio supportato da una base di granito grigio, accoglie nei suoi spazi opere di pittura, scultura e grafica contemporanea offrendo un'ampia panoramica sulla variegata produzione artistica sia europea sia americana del XX secolo. Di notevole interesse, oltre all'area all'aperto antistante l'edificio, un vero e proprio museo en plein air che accoglie sculture di Calder, Moore, Avramidis e Rickey, sono le numerose esposizioni temporanee allestite periodicamente dalla galleria.

▲ Neue Nationalgalerie

Dalla Neue Nationalgalerie, superata la **St. Matthäus-Kirche**, progettata da Stüler a metà del XIX secolo, si raggiunge il Kupferstichkabinett, inaugurato nel 1994. Ricchissimo, il museo presenta un numero vastissimo di disegni, acquerelli, pastelli, incisioni, manoscritti e volumi illustrati e un importante nucleo di incunaboli realizzati tra il medioevo e i giorni nostri. Impressionante l'elenco degli artisti rappresentati, da Botticelli a Dürer, da Altdorfer a Bruegel il Vecchio, da Rembrandt a Rubens, da Tiziano a Piranesi, da Callot a Watteau, da David a Gainsborough, da Goya a Van Gogh a Picasso. Nello stesso complesso, la Kunstbibliothek, fondata nel 1867, rappresenta un'autentica miniera di informazioni sulle arti applicate e non, con importanti collezioni di modellini architettonici antichi e moderni, di grafica e di disegno.

◂ St.-Matthäus-Kirche

Gemäldegalerie

A sinistra del Kupferstichkabinett e della Kunstbibliothek, la **Gemäldegalerie**, ultimata nel 1998, espone il suo vastissimo patrimonio di opere pittoriche dal XIII al XVIII secolo, comprendente per la maggior parte dipinti appartenuti a Federico Guglielmo e a Federico il Grande. La visita del museo offre una spettacolare passeggiata attraverso grandi capolavori della pittura tedesca, fiamminga, olandese, italiana, francese e spagnola, rappresentata da opere di valore inestimabile firmate, tra gli altri, da Dürer, Cranach il Vecchio, Holbein, Rembrandt (di cui la Gemäldegalerie custodisce tra l'altro lo splendido Susanna e i vecchioni), Franz Hals, Vermeer, Hieronymus Bosch, Van Eyck, Hans Memling, Rubens, Giotto, Beato Angelico, Raffaello, Pollaiolo, Guardi, Canaletto, Mantegna, Tiziano, Veronese, Carpaccio, Tiepolo, Poussin, Pesne, Watteau, El Greco, Goya, Murillo e Zurbarán.

Infine, il Kunstgewerbemuseum, iniziato nel 1973 e portato a termine nel 1985 sulla base del discusso progetto di Rolf Gutbrod, l'architetto autore dell'esterno della Gemäldegalerie, espone sui suoi quattro piani una vasta collezione di opere d'arte applicata e decorativa realizzate dal medioevo a oggi. Accanto a bronzi, vetri, ceramiche e porcellane vi si possono ammirare opere di oreficeria e argenteria, arazzi, mobili e oggetti di artigianato antico e moderno.

Hamburger Bahnhof

## HAMBURGER BAHNHOF

Situata a nord rispetto al Kulturforum, oltre la Straße des 17. Juni, la **Hamburger Bahnhof**, la stazione più antica di Berlino, fu costruita nel 1845-47 da Friedrich Neuhaus e Ferdinand W. Holz. L'edificio, di forme neoclassiche e dotato di un suggestivo atrio dall'ossatura in ferro a vista, è stato ristrutturato da Josef P. Kleihues e ospita oggi il Museum für Gegenwart, una sezione della Neue Nationalgalerie che figura tra i più importanti musei di arte contemporanea d'Europa.

## JÜDISCHES MUSEUM

Opera di Daniel Libeskind, il **museo ebraico** riprende nelle sue originali e spigolosissime forme le linee della stella di David. L'edificio, una delle realizzazioni insieme più moderne, audaci e discusse della Neues Berlin, illustra nelle sue sale interne, ugualmente progettate ispirandosi al tema degli angoli e degli spigoli, dei pieni e dei vuoti come metafora dell'Olocausto, la storia degli Ebrei in Germania.

▲ Sammlung Berggruen

## SAMMLUNG BERGGRUEN

Ospitata nello Stülerbau occidentale, di fronte all'Ägyptisches Museum, la raccolta di pittura moderna del grande mercante d'arte e collezionista Heinz Berggruen è una delle più ricche e preziose al mondo. Oltre a un cospicuo nucleo di dipinti di Picasso, amico personale di Berggruen (tra cui il celebre Arlecchino seduto del 1905), comprende opere di Klee, Van Gogh, Cézanne e altri maestri della pittura moderna.

## MUSEUM FÜR KOMMUNIKATION BERLIN

Lungo Leipziger Straße, nel Mitte, questo nuovissimo museo occupa i locali in cui alla fine del XIX secolo fu allestito il Reichspostmuseum. L'esposizione, che si articola sui quattro piani dell'edificio e comprende anche l'elegante cortile interno, illustra con la sua interessante collezione di oggetti e strumenti originali la storia della comunicazione partendo dalla posta per arrivare ai media e alle moderne telecomunicazioni senza dimenticare i loro effetti sulla società e sulla vita quotidiana.

▸ Museum für Kommunikation

## FRIEDRICHWERDERSCHE KIRCHE (SCHINKELMUSEUM)

A breve distanza in direzione nord dal museo delle comunicazioni, poco prima dell'Unter den Linden, la chiesa prospetta sul lato nord-occidentale di Werderscher Markt, in riva allo Spree.

Costruita in stile neogotico tra il 1824 e il 1831, la **Friedrichwerdersche Kirche** è considerata il vertice dell'architettura sacra di Karl Friedrich Schinkel. Al grande architetto, attivissimo a Berlino, è intitolato l'interessante museo allestito nell'interno dopo i lavori di ristrutturazione eseguiti negli anni Ottanta, comprendente una pregevole collezione di sculture.

◂ ▾ **Friedrichwerdersche Kirche (Schinkelmuseum)**

# MESSEGELÄNDE

Il grande centro fieristico di Berlino, che ospita manifestazioni di grande richiamo come l'Internationale Tourismusbörse (fiera internazionale del turismo, a marzo), l'Internationale Funkausstellung (fiera ed expo dell'industria radio e televisiva, in agosto) e la Grüne Woche (settimana dell'agricoltura, a gennaio), occupa un'area di oltre 150.000 metri quadri. Oltre ai trenta padiglioni, organizzati intorno al vasto Sommergarten centrale, un giardino estivo a pianta ovale, la **Messe** comprende vari parcheggi e, a sud, il Deutschlandhalle, un grande complesso polifunzionale destinato soprattutto ad accogliere incontri sportivi e concerti, e il vicino Eissporthalle, il palazzo del ghiaccio. A est della Messe, cui è collegato da un passaggio coperto a tre piani che scavalca Messedamm e la linea dell'S-Bahn, l'**ICC, l'Internationale Congress Centrum** risale agli anni Settanta. La colossale struttura, lunga oltre 300 metri, comprende un'ottantina di sale per conferenze, un'enorme sala centrale capace di accogliere ben 5000 persone, un ristorante, un bar, un ufficio postale, una stazione di polizia e vari altri servizi.

▲ **ICC, Internationales Congress Centrum**

Sempre all'interno della Messegelände, la **Funkturm** fu inaugurata il 4 settembre 1926 in occasione della terza mostra della radiofonia tedesca. Alta oltre 140 metri, la torre è famosa perché proprio da qui avvenne la prima trasmissione di un'immagine televisiva della storia. Il ristorante panoramico, allestito a 55 metri di altezza, e soprattutto la terrazza, a 125 metri, offrono una vista mozzafiato sul quartiere fieristico e sulla città.

▼ **Ingresso sud della Fiera**

**Funkturm** ▶

12

# NEUE SYNAGOGE (CENTRUM JUDAICUM)

Lungo Oranienburger Straße, nel quartiere del Mitte, la sinagoga sorse tra il 1860 e il 1866 su progetto di Eduard Knoblauch e Friedrich August Stüler. Disegnato in stile moresco-bizantino e coronato da una spettacolare cupola d'oro e d'argento, l'edificio poteva ospitare oltre 3000 fedeli ed era la sinagoga più grande del mondo. Durante le selvagge scorrerie perpetrate dalle SA di Hitler nella tragica notte dei cristalli (tra il 9 e il 10 novembre 1938) subì solo qualche danno, mentre nel 1943 i raid aerei degli alleati la devastarono. Dopo anni di abbandono, a partire dal 1988 furono avviati i lavori di ricostruzione della facciata, completati nel 1991 proprio in occasione del 125o anniversario della fondazione della sinagoga. Dal 1995, anno in cui sono stati ultimati anche i restauri dell'interno, la **Neue Synagoge** ospita il **Centrum Judaicum**, che oltre a essere il luogo di culto e la sede ufficiale della comunità ebraica berlinese è anche il museo e il memoriale degli ebrei berlinesi e un attivo centro di ricerca storico-scientifica.

Il quartiere circostante, animatissimo, è ricco di edifici e luoghi di visita interessanti: dal Kulturzentrum Tacheles, una grande costruzione dell'inizio del Novecento trasformata in centro di arte e cultura alternativa, al Jüdischer Friedhof, il primo cimitero ebraico di Berlino (1672) di cui, dopo le devastazioni perpetrate dai nazisti nel 1943, restano solo poche lapidi, tra cui quella del filosofo Moses Mendelssohn; dalla Sophienkirche, fatta erigere nel 1712 dalla regina Sofia e ornata dalla torre barocca più antica della città, agli **Hackesche Höfe**, un complesso residenziale in Jugendstil

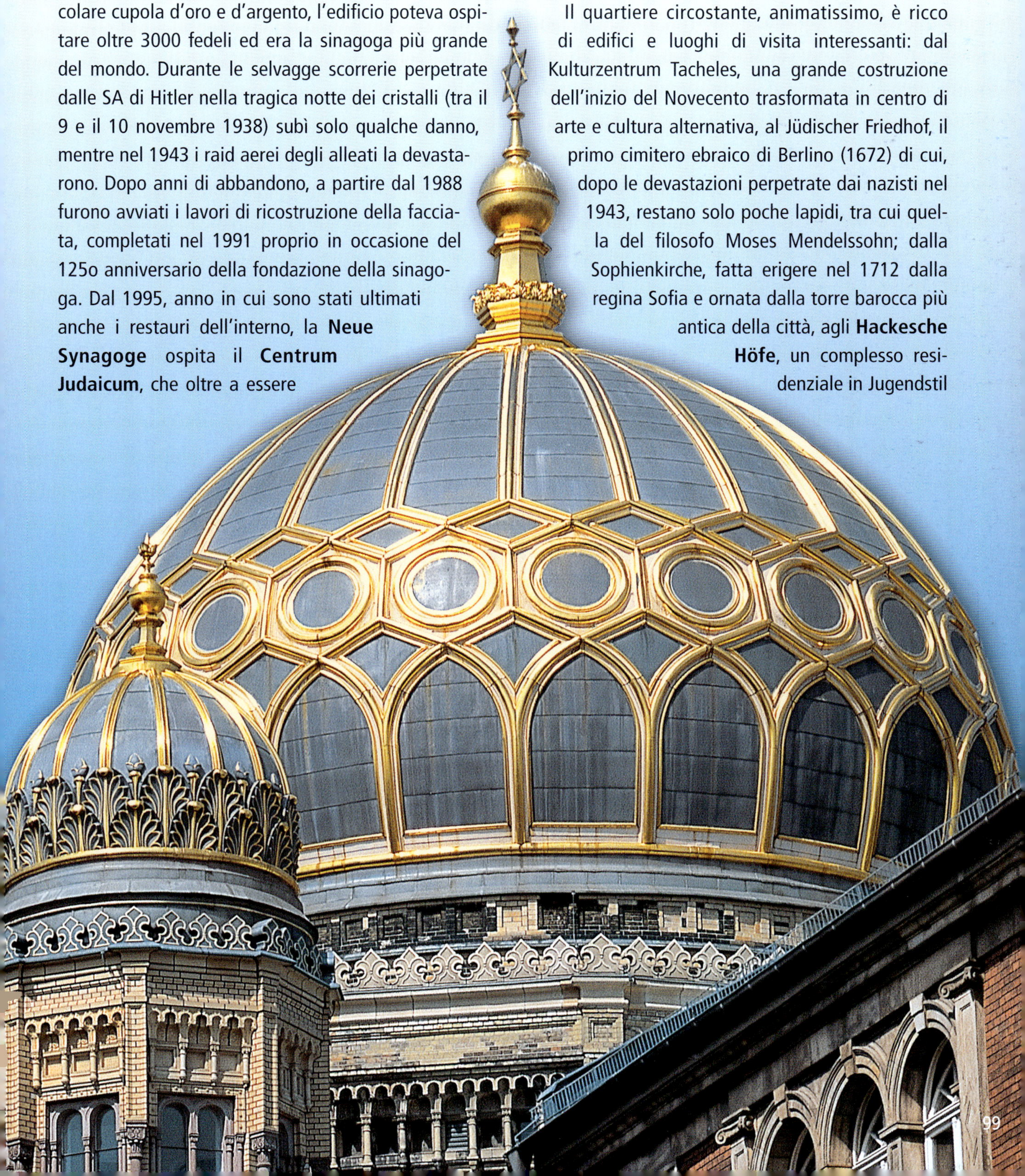

▾ Hackesche Höfe

costruito nel 1907 su progetto di August Endell che si sviluppa intorno a otto cortili completamente ristrutturati, oggi sede di famose gallerie d'arte, laboratori e atelier di artisti e artigiani, negozi eleganti e alla moda, caffè, ristoranti e sale cinematografiche e di spettacolo, l'indirizzo giusto per godersi il celebre varietà "Chamäleon".

▲ Mauergedenkstätte

Risalendo la Oranienburger Straße verso nord, oltre la Oranienburger Tor, all'incrocio tra Invalidenstraße e Bernauer Straße il **Gedenkstätte Berliner Mauer** è uno dei pochi tratti del muro sopravvissuti all'abbattimento, di cui funge da memoriale insieme ad altre sezioni conservate presso il Mauerpark, all'angolo tra Bernauer Straße e Eberswalder Straße, e presso l'Invalidenfriedhof.

## KREUZBERG

Sviluppatosi negli anni Venti, il quartiere, che prende il nome dall'omonima collina su cui si estende il bel Viktoriapark, ha perso gran parte del fascino che ancora dieci anni fa ne faceva la zona alternativa per eccellenza di Berlino, il feudo della contro-cultura, dei centri sociali e dei locali notturni più stravaganti. La caduta del muro ha determinato una nuova collocazione di Kreuzberg, non più alla periferia, ma al centro stesso della Neues Berlin, con tutte le sue contraddizioni e i suoi profondi mutamenti. Ciò non toglie che il quartiere, ormai spiccatamente multietnico, resti di gran lunga uno dei più interessanti e autentici di Berlino, forse proprio per la sua capacità di mostrare i tanti volti di questa città in costante trasformazione. Percorso dalla U-Bahn, che lo attraversa con una linea sopraelevata, e dal Landwehrkanal e collegato al quartiere di Friedrichshain dall'Oberbaumbrücke, Kreuzberg è una zona piacevole da percorrere a piedi, scoprendo lungo Bergmannstraße, Mariannenplatz o il Maybachufer l'animatissimo mercato turco, angoli pittoreschi ancora pervasi da un'elegante atmosfera ottocentesca accanto a laboratori e centri artistici della cultura alternativa e underground, muri coperti di graffiti e testimonianze architettoniche del XIX secolo, birrerie tradizionali e pub che più trendy non si può.

▼ Kreuzberg

## OLYMPIASTADION

Realizzato dall'architetto Werner March per le Olimpiadi del 1936, il complesso in cui Jesse Owens compì le sue imprese leggendarie sorse fra il 1934 e il 1936 sul sito di un precedente stadio costruito appena vent'anni prima. La struttura, originale per il ribassamento del campo da gioco centrale, posto a 12 metri sotto il livello dell'entrata (Olympiator), comprende oltre 76.000 posti a sedere coperti. Attraverso i lavori di ristrutturazione conclusi nel 2004, lo stadio è stato modernizzato per i campionati del mondo di calcio 2006.

## SCHLOSS BELLEVUE

Da Oranienburger Tor, ridiscendendo in direzione sud-ovest in direzione della Straße des 17. Juni, all'altezza della Großer Stern, dominata dalla Siegessäule, lo Schloss Bellevue ospita dal 1994 la residenza ufficiale del presidente della repubblica tedesca. Il castello, alle propaggini del Tiergarten, fu costruito nel 1785 da Philipp Daniel Boumann per il principe Augusto Ferdinando di Prussia e venne parzialmente distrutto durante la seconda guerra mondiale. Dopo la ricostruzione, operata negli anni Cinquanta, lo Schloss Bellevue è stato ampliato con l'aggiunta di un edificio a pianta ellittica dalla facciata interamente rivestita di granito nero in cui è allestito l'ufficio della presidenza federale. Né il castello né il parco all'inglese che lo circonda (ad eccezione di una piccola parte) sono visitabili.

# BOTANISCHER GARTEN

Nel cuore del sobborgo di Dahlem, famoso soprattutto per essere sede della Freie Universität, di importanti istituti scientifici e di famosi musei (Museum für Indische Kunst, Museum für Ostasiatische Kunst, Museum für Völkerkunde), il giardino botanico si sviluppò a cavallo tra il XIX e il XX secolo grazie all'opera di Adolf Engler, che ne fece uno dei più ricchi e notevoli del mondo. Il giardino, che si estende su una superficie di oltre 40 ettari, possiede più di 22.000 essenze diverse provenienti da tutto il mondo, tra cui un eccezionale nucleo di specie tropicali ospitate nella Großes Tropenhaus, una gigantesca serra di vetro in cui sono riprodotte le condizioni climatiche caratteristiche della foresta pluviale. Vicino a una delle due entrate, il Botanisches Museum, dotato di un ricchissimo erbario e di un'ottima biblioteca specialistica, illustra attraverso dettagliatissimi diorami l'evoluzione delle specie botaniche sulla terra.

▾ Mühlendammschleuse (Chiusa dell'argine del mulino)

## MÜHLENDAMMSCHLEUSE

Nelle vicinanze dell'Ephraim Palais, oltre il Nikolaiviertel, si trova la cosiddetta Mühlendammschleuse, la più importante delle chiuse costruite a Berlino nell'arco dei secoli per regolare il traffico lungo le vie d'acqua interne alla città. L'intenso commercio di ogni genere di prodotti attraverso il fiume Spree rese infatti necessaria la costruzione di numerose chiuse e di mulini ad acqua. Distrutta nel 1944 durante la guerra, la Mühlendammschleuse è stata ricostruita negli anni sessanta ed è oggi percorsa da imbarcazioni piccole e grandi.

## PFAUENINSEL

A sud-ovest del Botanischer Garten, nel quartiere di Zehlendorf, l'isola dei Pavoni estende la sua superficie (appena 1500 metri di lunghezza per circa 500 metri di larghezza) sul corso del fiume Havel. L'isola è legata al nome di Johann Kunckel, un alchimista che intorno alla fine del XVII secolo proprio qui condusse numerosi esperimenti. Nel vano tentativo di creare l'oro scoprì il fosforo e realizzò il vetro rubino (vetro Kunckel). Ma Pfaueninsel deve la sua fama e gran parte del suo incantevole aspetto attuale soprattutto a Federico Guglielmo II, il quale un secolo più tardi vi fece costruire il Lustschloss, un romantico castello bianco con due torri collegate da un ponte di ferro e splendide sale arredate fastosamente. All'originale costruzione si affiancarono poi nel corso degli anni altri edifici, tra cui la Kavaliershaus, disegnata da Schinkel e in seguito modificata con l'aggiunta di una facciata gotica proveniente da Danzica, la Schweizerhaus, sempre di Schinkel, e la Vogelhaus, una grande voliera popolata da centinaia di uccelli. Sull'isola, trasformata da Lenné e da altri architetti paesaggisti in uno splendido giardino all'inglese, Federico Guglielmo III e sua moglie Luisa crearono un piccolo allevamento in cui, oltre ai pavoni, inserirono orsi selvatici, scimmie e persino qualche canguro. Attorno al piccolo zoo, donato alla città da Federico Guglielmo IV nel 1841, si sviluppò in seguito lo Zoologischer Garten.

◂ Pfaueninsel (Isola dei pavoni), Lustschloss

◂ Wannsee

## WANNSEE

Sempre nel quartiere di Zehlendorf, Wannsee è lo splendido sobborgo sorto a cavallo tra il XIX e il XX secolo lungo le sponde dell'omonimo bacino (Großer Wannsee), meta prediletta dai berlinesi per godersi qualche ora di svago sulla spiaggia o in acqua, dove è possibile praticare sport nautici come la vela o semplicemente concedersi una rilassante gita in vaporetto. I dintorni del lago, percorsi da piacevoli sentieri, sono disseminati di eleganti ville e residenze immerse nella vegetazione. In una di queste, situata al n. 56 di Am Großen Wannsee, il 20 gennaio 1942 i nazisti decisero la "soluzione finale" del problema degli ebrei. Oggi la villa è sede di un museo dedicato al tema dell'Olocausto. Da Wannsee, un regolare servizio di traghetti consente di raggiungere Spandau e Potsdam.

## SPANDAU

A ovest del centro, Spandau si sviluppò alla confluenza tra lo Spree e il fiume Havel su un territorio poi annesso a Berlino solo nel 1920. Di origini antiche, è formata da due nuclei: l'Altstadt, la città vera e propria sulla riva occidentale del fiume dove si conservano la trecentesca Nikolaikirche e la Gotisches Haus, la casa più antica della città; e la Zitadelle, la città fortificata costruita nella seconda metà del XVI secolo sulla Zitadelleninsel.

A pianta quadrangolare e protetta lungo i lati da bastioni turriti, la **Zitadelle**, che fu progettata da architetti italiani e tedeschi, comprende tra i suoi vari edifici la cinquecentesca Kommandantenhaus, residenza del comandante, e, di fronte, il Palais di origini trecentesche. Alle spalle di questa costruzione, che nel periodo nazista fu trasformata in casinò per gli alti ufficiali, la Juliusturm è una torre del XIV secolo alta 36 metri che offre un magnifico panorama, come pure il camminamento lungo il fossato che costeggia l'antica chiusa di Spandau.

◂ Cittadella di Spandau

# GLI AEROPORTI DI BERLINO

Gli scali aeroportuali (Flughafen) di Berlino sono ben tre: **Berlin-Tempelhof**, al centro della città subito sotto il Kreuzberg, **Berlin-Tegel** "Otto Lilienthal" nella zona nord-occidentale e **Berlin-Schönefeld** ai confini sud-orientali. Mentre il primo è destinato ormai soprattutto ai voli interni, il **Tegel** accoglie i voli da e per l'Europa occidentale e gli Stati Uniti e lo Schönefeld funge da scalo per le linee di collegamento con il l'Europa orientale, il Medio Oriente e l'Asia. Quest'ultimo aeroporto in particolare è al centro di un grandioso progetto di ampliamento e potenziamento finalizzato a renderlo lo scalo berlinese principale.

▲ L'areoporto Tempelhof

▼ L'areoporto Schönefeld

▲ L'areoporto Tegel

▲ L'areoporto Schönefeld

▲ L'areoporto Schönefeld

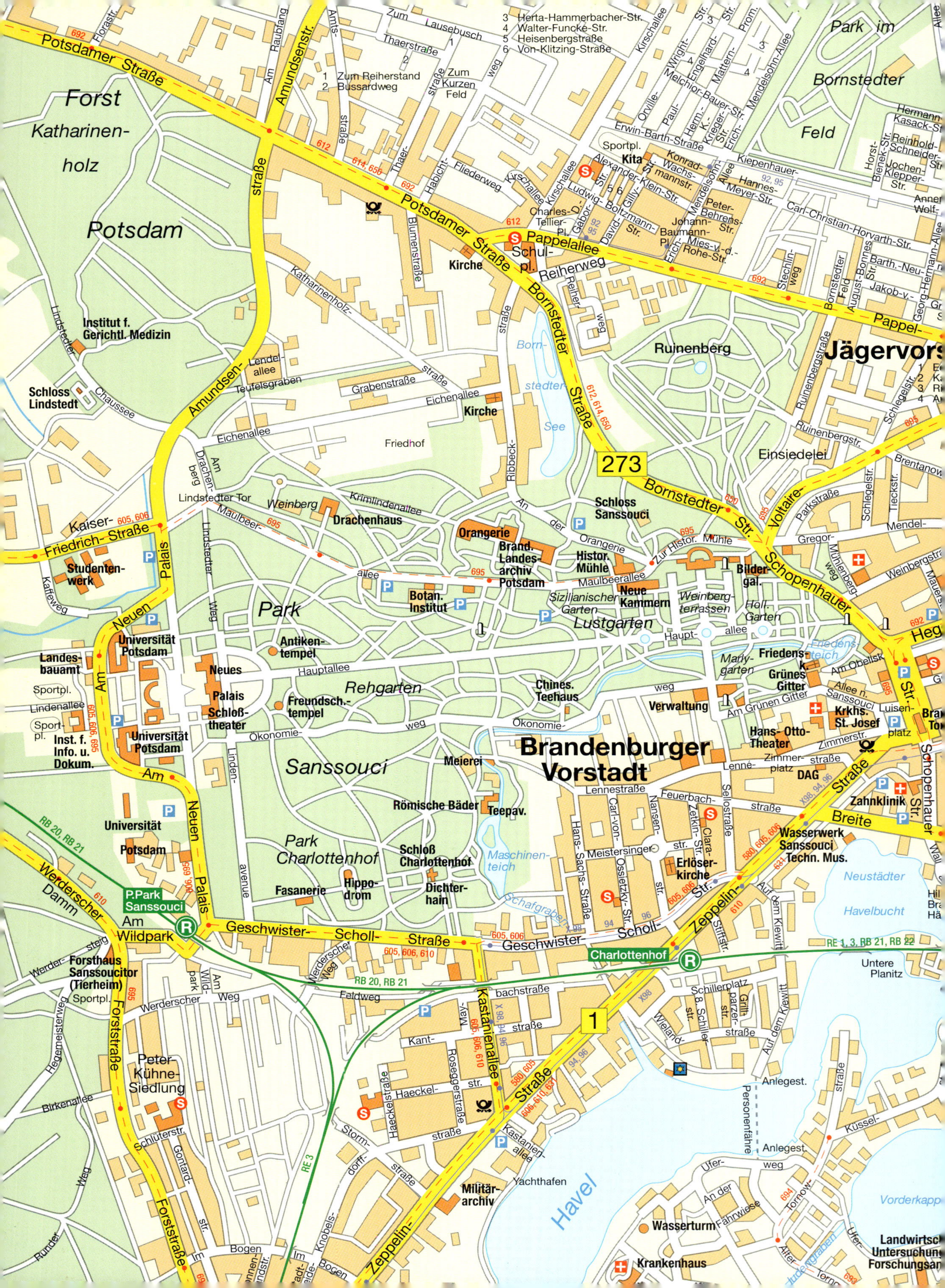

Forst
Katharinen-
holz
Potsdam
Potsdamer Straße
Amundsenstraße
Pappelallee
Bornstedter Straße
Park im
Bornstedter
Feld
Institut f.
Gerichtl. Medizin
Schloss
Lindstedt
Kirche
Schul-
pl.
Reiherweg
Ruinenberg
Jägervorstadt
Friedhof
Bornstedter See
273
Einsiedelei
Schloss
Sanssouci
Drachenhaus
Orangerie
Brand.
Landes-
archiv
Potsdam
Histor.
Mühle
Neue
Kammern
Bilder-
gal.
Kaiser-Friedrich-Straße
Studenten-
werk
Park
Lustgarten
Botan.
Institut
Universität
Potsdam
Landes-
bauamt
Antiken-
tempel
Neues
Palais
Schloß-
theater
Hauptallee
Rehgarten
Freundsch.-
tempel
Chines.
Teehaus
Verwaltung
Friedens-
k.
Grünes
Gitter
Krkhs.
St. Josef
Inst. f.
Info. u.
Dokum.
Universität
Potsdam
Sanssouci
Meierei
Brandenburger
Vorstadt
Hans-Otto-
Theater
DAG
Römische Bäder
Teepav.
Zahnklinik
Universität
Potsdam
Park
Charlottenhof
Schloß
Charlottenhof
Maschinen-
teich
Wasserwerk
Sanssouci
Techn. Mus.
Erlöser-
kirche
Breite Straße
Neustädter
Havelbucht
Fasanerie
Hippo-
drom
Dichter-
hain
P.Park
Sanssouci
Am
Wildpark
Geschwister-Scholl-Straße
Charlottenhof
Zeppelinstraße
Werderscher
Damm
Forsthaus
Sanssoucitor
(Tierheim)
Forststraße
Peter-
Kühne-
Siedlung
Kastanienallee
1
Untere
Planitz
Havel
Militär-
archiv
Yachthafen
Wasserturm
Krankenhaus
Landwirtsch.
Untersuchung
Forschungsan

Berliner Vorstadt
Teltower Vorstadt
Jungfernsee
Havel
Heiliger See
Neuer Garten
Tiefer See
Glienicker Lancke
Babelsberger Enge
Park Babelsberg
Kindermannsee
Nuthe
Neue Fahrt
Alte Fahrt
Freundschaftsinsel
Schloss Cecilienhof
Grünes Haus
Ruine Belvedere
Pomona Tempel
Russ.-Orthodoxe Kirche
Kapellenberg
Russische Kolonie
Alexandrowka
Pfingstkirche
Rotes Haus
Schindelhaus
Marmorpalais
Orangerie
Planetarium
Schwanenbrücke
Glienicker Brücke
Schloss Glienicke
Anlegestelle
Königstr.
Berliner Str.
Archiv
Eichamt
Sportplatz
Yachthafen
Sozialgericht
Kulturzentrum
Haus der Jugend
Schloss Babelsberg
Schlossmuseum
Gerichtslaube
Flatowturm
Friedrich-Wilhelm-Höhe
Siegessäule
Babelsberg
Strandbad Babelsberg
Amt f. Kultur IHK
Portierhs.
Freizeitzentrum
Gotische Bibliothek
Christusk.
Stadtverw. Potsdam
Landratsamt
Planungsamt
Einwohnermeldeamt
Gericht
Landgericht
Ärztehs.
Augenklinik
Nauener Tor
Holl. Viertel
St.-Peter u. Paul-K.
Friedr.-Franz-K.
DRK
Klinikum Ernst-v.-Bergmann (mit Hauptpoliklinik)
Busbf.
Landesumweltamt
Humboldtbrücke
Klubhaus
Hauptpost
Bibliothek
Nikolaik.
Fachhochschule
Altes Raths.
Kulturhs.
Ausstellungspavillon
Hans-Otto-Theater
Filmmus.
Ministerien
Finanzamt
Amt f. Soz./Arb.-ger.
Lustgarten
Jugendklub
Oberlinhaus
Kulturhaus Babelsberg
Potsdam Hbf
Bahnhofsplatz
P+R
ZOB
Babelsberg
Hinzenberg
Staatskanzlei
Landesregierung
Haus der Wirtschaft
Neuendorfer Kirche
Anger
Alter Friedhof
Landtag
Neuapostol. Kirche
Min. f. Umwelt-Naturschutz-Raumordnung
Krematorium
Neuer Friedhof
ADAC, TÜV, ÖTV
Tennispl.
Sportpl.
Horstbrücke
Brauhausbg.
Geoforschungs-
Kleingärten
Friedrich-List-Straße
Friedrich-Engels-Straße
Heinrich-Mann-Allee
Leipziger Straße
Brauhausberg
Nuthestraße
Rudolf-Breitscheid-Str.
Nowawes
Großbeerenstr.
Lange Br.
Fr.-Ebert-Str.
Am Kanal
Kurfürstenstr.
Behlertstraße
Am Neuen Garten
Jägerallee
Am Schragen
Nedlitzer Straße
Reiter-weg
Alleestr.
Hans-Thoma-Str.
Gutenbergstr.
Yorckstr.
Charlottenstr.
Hegelallee
Horstweg
1 Kleine Fischerstraße
2 Eltesterstraße

Nikolaikirche

▲ Nikolaikirche

## POTSDAM

La visita di Potsdam, da effettuare preferibilmente a piedi, riserva numerose sorprese oltre al celebre Schloss Sanssouci.

Molto piacevole da percorrere a piedi, il centro storico si sviluppa intorno all'Alter Markt, su cui prospetta la **Nikolaikirche**, costruita tra il 1830 e il 1850 su progetto di Schinkel, Persius e Stüler. L'area compresa fra il teatro e la vicina Friedrich-Ebert-Straße, una delle arterie principali della città, era in origine occupata dallo Stadtschloss, eretto nel 1662 sul sito di un precedente castello e poi demolito nel 1960 in seguito ai danni subiti durante la guerra.

Dalla piazza, seguendo per un tratto Friedrich-Ebert-Straße e svoltando a destra in Charlottenstraße, si raggiunge Bassinplatz, una piazza un tempo occupata da un bacino su cui prospettano la Französische Kirche, costruita da Boumann a metà del XVIII secolo, e la Peter-Pauls-Kirche, sorta un secolo più tardi. A nord della piazza, l'Holländisches Viertel, uno dei quartieri più pittoreschi della città, sorse nel decennio 1732-42 per accogliere la comunità di immigrati olandesi. Tornati sulla Friedrich-Ebert-Straße, al di là della settecentesca Nauener Tor si arriva a un altro quartiere interessante, la Russische Kolonie Alexandrowka, fondata nel 1826 e caratteristica per la tipica architettura russa delle sue case.

Per ridiscendere verso

sud si può seguire la Jägerallee e, oltrepassata la Jägertor, la Lindenstraße, una bella via settecentesca che si interseca con **Brandenburger Straße**, la zona pedonale di Potsdam. Alla sua estremità occidentale, la **Brandenburger Tor** (1770) condivide in realtà con la più celebre porta berlinese solo il nome, ispirandosi a un più modesto arco di trionfo romano. Nei pressi, oltre la vicina Luisenplatz, si erge la Friedenskirche, capolavoro di Ludwig Persius eretto nel 1845-48 sul modello delle basiliche protocristiane. Lindenstraße si chiude con la Militärwaisenhaus, l'orfanotrofio costruito nel 1771-78 per ospitare i figli illegittimi dei soldati prussiani, destinati in età adulta a ingrossare

▲ Brandenburger Tor

Altes Rathaus ▼

▲ Filmmuseum

le file dei granatieri dell'esercito. Il maestoso edificio di fronte, in Breite Straße, è sede del museo di Potsdam. La piccola Kiezstraße, alle sue spalle, è interessante per le sue belle case in stile rococò.

Ancora lungo Breite Straße, in direzione dell'Alter Markt, sulla sinistra si nota il complesso delle antiche scuderie reali (Marstall), realizzato in due tempi da Nering e da Knobelsdorff e in origine collegato allo Stadtschloss oggi scomparso mediante un colonnato solo in parte conservatosi. Dietro le scuderie, dov'è attualmente allestito il Filmmuseum, sul Neuer Markt si affaccia la Kabinettshaus, dove nacque Federico Guglielmo III.

Brandenburger Straße ▼

# SANSSOUCI

A nord di Luisenplatz, la porta dell'obelisco, eretta nel 1747 da Knobelsdorff, dà accesso direttamente al viale principale del parco del **Sanssouci**, abbellito da splendide fontane. Il palazzo, costruito sempre da Knobelsdorff su progetto di Federico II stesso tra il 1745 e il 1747, sorse sulla cima del Wüsten Berg, le cui pendici erano da poco state trasformate in un vigneto terrazzato. L'edificio, dove il sovrano avrebbe potuto godere qualche periodo di spensieratezza ("sans souci", appunto), è di dimensioni mcdeste e comprende appena dodici stanze, tra cui quella che fungeva insieme da studio e camera da letto dove il re morì.

**▾ Castello Sanssouci con erme di baccanti**

▲ Sanssouci – Colonnato

Camere Nuove e Mulino Storico ▲

Nello splendido atrio, rivestito di marmi, da cui si gode una bella vista sui vigneti, Federico II amava organizzare banchetti cui invitava illustri personaggi dell'epoca, come Voltaire, che a Potsdam visse dal 1750 al 1753. Dalla sala della biblioteca, ricca di oltre 2000 volumi, si vede invece la tomba che il re si fece costruire a un'estremità della terrazza ancor prima che il palazzo fosse finito e in cui le sue spoglie furono poi traslate solo nel 1991. La Bildergalerie, costruita da J.G. Büring nel 1755-64 a destra del palazzo, accolse la collezione di pittura del re, mentre le Neue Kammern, erette a sinistra su progetto di Knobelsdorff tra il 1745 e il 1747, veniva utilizzata come casa per gli ospiti.

▲ Neue Palais ▶

Decisamente più vasto e sontuoso, il **Neue Palais**, in posizione scenografica all'estremità del viale, sorse invece una ventina d'anni più tardi con l'esplicito intento di riaffermare la potenza della Prussia dopo la guerra dei Sette anni. Federico II, che per altro continuò a preferire il più intimo Sanssouci, ne commissionò la realizzazione agli architetti Büring, Manger e Gontard, i quali tra il 1763 e il 1769 innalzarono l'imponente palazzo, con ben 200 stanze e una folla di statue collocate sui tetti, e alle sue spalle i **Communs**, vasti edifici utilizzati per alloggiare i locali di servizio e i domestici. Tra gli ambienti più ricchi e spettacolari del castello figurano la vasta Grottensaal, decorata con migliaia di gemme, pietre colorate, conchiglie, fossili e minerali che la fanno appunto somigliare a una grotta meravigliosa; la Marmorsaal, interamente rivestita di marmi preziosi, e il teatro del palazzo, ancora oggi utilizzato per rappresentazioni e spettacoli. Degli sfarzosi arredi che in origine impreziosivano le varie sale resta purtroppo ben poco, visto che Guglielmo II li portò quasi tutti con sé in Olanda quando nel 1918 partì per l'esilio.

Sanssouci – Communs ▲

Conserva invece tutti i suoi arredi originari lo Schloss Charlottenhof, che nel 1826, quando era ancora principe ereditario, Federico Guglielmo IV fece realizzare da Schinkel trasformando una fattoria donatagli dal padre in una villa di piacere in stile romano. Subito dopo, Schinkel e Persius, costruirono nei pressi per il sovrano i Römische Bäder, ispirati alle residenze di campagna italiane del Rinascimento.

Orangerie ▼

Un altro tributo allo stile rinascimentale, introdotto in Prussia proprio da Federico Guglielmo IV, fu la grande **Orangerie** costruita da Persius e Stüler nel decennio 1850-64. Lo splendido edificio, che si ispira alla Villa Medici di Roma e agli Uffizi di Firenze, sorge a nord lungo la Maulbeerallee, il viale che si snoda tra il Belvedere e l'antico mulino del Sanssouci e che nei progetti del sovrano avrebbe dovuto costituire una specie di "via triumphalis". Oltre che per il salone di Raffaello, decorato da una sessantina di copie di opere del grande pittore, l'Orangerie merita una visita anche per la torre, che offre un panorama spettacolare sul parco e sui suoi monumenti. Testimoni della passione

Padiglione da thè cinese – Statue dorate

per l'arte orientale e le cineserie che esplose nel periodo del rococò sono invece la vicina Drachenhaus, eretta da Gontard nel 1770, e la **Chinesische Teehaus**, costruita a metà del XVIII secolo più a sud, ai margini del viale principale del parco.

▲ **Chinesisches Teehaus – Figure dorate**

◀ **Chinesisches Teehaus**

# NEUER GARTEN

Dalla parte opposta della città, il Neuer Garten e il Marmorpalais si devono invece a Federico Guglielmo II, il quale, in spregio all'odiato zio Federico il Grande, per il quale nutriva una profonda avversione, abbandonò il parco del Sanssouci e per farsi costruire una residenza di piacere scelse l'area a est di Potsdam in riva all'Heiliger See. Il sovrano affidò a Gontard la realizzazione del palazzo di Marmo, un grandioso edificio in stile neoclassico che l'architetto innalzò tra il 1787 e il 1793. Un particolare romantico: dal Marmorpalais Federico Guglielmo II poteva rimirare la Pfaueninsel e soprattutto il Lustschloss, il piccolo castello bianco che qualche anno più tardi fece costruire sull'isola dei Pavoni per la sua amante Wilhelmine Encke, la futura contessa di Lichtenau da cui ebbe cinque figli.

Il parco, sistemato in origine da Eysenbeck e più tardi ridisegnato dall'attivissimo Lenné, è ideale per godersi in tutta tranquillità una passeggiata nel verde. Percorrendolo ci si imbatte in tutta una serie di edifici più o meno bizzarri. A parte la Gotischen Bibliothek, progettata da Langhans all'estremità orientale del lago, l'Orangerie dello stesso architetto e l'Holländisches Etablissement, un grande complesso di scuderie e rimesse per le carrozze, colpiscono soprattutto la curiosa Küchenhaus, una cucina che sembra piuttosto un antico tempietto romano collegata al Marmorpalais da un passaggio sotterraneo, e l'Eiskeller, una ghiacciaia a forma di piramide egizia.

Terminata la seconda guerra mondiale, il parco e le stravaganti architetture del Neuer Garten che avevano fatto da sfondo alla gioia di vivere del re - un uomo che decisamente amava piaceri della vita ma che a quanto pare indulgeva anche volentieri ai vizi e agli stravizi (non per altro un suo contemporaneo ebbe a dire che sotto il suo regno Potsdam era diventata "un gigantesco bordello") - furono teatro di un avvenimento molto più serio e decisivo. Nell'estate del 1945, infatti, i massimi rappresentanti delle forze alleate

▾ Schloss Cecilienhof ▸

vittoriose (Truman, Stalin e Churchill) si riunirono presso lo **Schloss Cecilienhof** nella famosa Conferenza di Potsdam per decidere il destino della Germania e il futuro assetto dell'Europa. Il castello, ultimato negli anni della prima guerra mondiale e destinato al figlio di Guglielmo II, il principe ereditario Guglielmo, ospita oggi un hotel di lusso con annesso ristorante. È comunque possibile visitare la sala dove si svolse la Conferenza, dove tutto, compreso il grande tavolo fatto arrivare appositamente da Mosca in occasione dell'incontro, è stato lasciato come si trovava al momento della storica riunione.

## BABELSBERG

Immerso in uno splendido parco, neanche a dirlo creato da Lenné, questa volta in collaborazione con Fürst von Pückler-Muskau, lo **Schloss Babelsberg** fu costruito in stile neogotico da Schinkel nel 1834 per ospitare la residenza estiva dell'imperatore Guglielmo I. Oltre al castello, nel parco si possono ammirare altre interessanti realizzazioni in stile neogotico, tra cui la Küchengebäude (1844-49), la Matrosenhaus (1842), la Marstall (1842), la Flatowturm (1853-56) e il Kleines Schloss (1842), destinato alle donne della corte e oggi trasformato in un grazioso caffè.

Ma Babelsberg non deve la sua fama soltanto a questi monumenti e al suo meraviglioso giardino. Vi hanno infatti sede i celebri studi di produzione cinematografica Filmstudios, che erano stati creati nel 1917 come UFA. L'odierna città cinematografica di Babelsberg offre ai visitatori la possibilità di scoprire da vicino il "backstage", che comprende tutto ciò che fa parte della nascita di un film, dalla maschera alla scelta dei costumi fino alle riprese e al completo svolgimento tecnico.

# INDICE



**© Rahmel-Verlag GmbH** – DE-50259 Pulheim
Telefono: +49 (0)2238 30 71-0 – Fax +49 (0)22 38 30 71-27
eMail: info@rahmel-verlag.de
http://www.rahmel-verlag.de

ISBN: 3-930885-68-9



Testo: Claudia Converso
Traduzione: A.B.A. s.r.l.
Stampa: Kina Italia / Eurografica Spa
Tutte le foto di Luca Sassi tranne le seguenti:
Ihlow: pagine 16, 18, 40 (2), 83 (al centro), 101 (in alto), 102 (in alto), 105 (in alto) – Seitz: pagina 31 (in basso) – Latza: pagina 105 (in basso) – Hoth: pagina 42 (in alto)